東京居酒屋十二景

太田和彦

集英社文庫

目次

本文デザイン／横須賀拓
扉イラスト／沢野ひとし

東京居酒屋十二景

春・田端

ＪＲ田端《たばた》駅南口は、山手《やまのて》線で最も古い電車駅の雰囲気を残す。長いホームの端に〈南口にトイレはありません〉と表示され、駅員一人の改札口に改札機はわずか三つ。三角トタン屋根の小さな駅舎から、この駅のためだけの長い一本道が上り坂へと延びる。出口こそ石畳になっているが、すぐ黒いアスファルト舗装にかわる風情のない坂だ。右土手の桜はわずかに最後の花を残して裸の幹が寒々しい。

ここは高台で、目の下には線路が無数に並走する。奥は東北本線在来線、中の高架は東北と上越の新幹線、手前は山手線・京浜東北線。山手線の終点は田端なのだそうだ。山手線はここから西の谷あいに大きくカーブして京浜東北線と分かれ、東北本線は北へ進路をとる。田端は列車の分かれるところだ。分かれる列車は離れ去る気持ちを抱かせる。

重なる鉄道の先は茫漠《ぼうばく》と広がる家並みだ。さしたる建物もないまま東の彼方《かなた》には東京スカイツリーがかすんで見える。南口の利用客は少なく、立ち止まって眺める北東京の風景は開放感が淋《さび》しい。

＊

これといった人生の達成感もないまま六十五歳を超えた。人が皆いなくなってしまった気がする。今は居酒屋だけが友達だ。新しい店はもういい。昔訪ねた居酒屋を巡り歩いて哀歌《エレジー》を書いてみよう。しかし、まだあるだろうか。

坂上の道路を折り返すとセレモニーホールで、人影も車もなく〈○○家式場〉の小さな貼り紙がはがし忘れたように残る。向かいのカフェ「裏口の珈琲屋《コーヒー》」は開いているが客はいないようだ。

広くなった道の両側の桜老木は、もう花はなく若葉のみ。建築用地に空けたらしい土地は何年か前もこのままで、今日は曇っているが、晴天ならばここから筑波山《つくばさん》が見えるかもしれない。店名の由来は伊能忠敬《いのうただたか》と思われる「江戸・明治・大正・昭和古地図　忠敬堂」は店を閉めたようだ。

先の跨道橋《こどうきょう》「東台橋《とうだいはし》」は深い切り通しの下を車が走る。田端は高台と低地の差が大きなまま続く。東台橋から長い急段を下りたこちら北口はすっかり新しくなった。改札機がいくつも並ぶ改札口は開放的で、周辺にしゃれた店も入り、うらぶれた南口とは別の町に来たように、人もいてバスを待っている。

すぐ前の丸い建物「田端文士村記念館」におおむねこのような解説がある。

〈明治中期まで、田端は閑静な農村だったが、明治二十二年上野に東京美術学校が開校されると徐々にその姿を変え、上野とは台地続きで便が良かったことから、美校を目指し、学び、巣立った若者たちが田端に住むようになった。明治三十三年には洋画家・小杉放菴《ほうあん》、三十六年には陶芸家・板谷波山《いたやはざん》、四十年には彫刻家・吉田三郎、四十二年には鋳金家・香取秀眞《ほつま》など芸術家が続々と転入。画家を中心とした、テニスコート付きのポプラ倶楽部《クラブ》も誕生するなどさながら芸術家村となった。大正三年、当時東京帝大学生だった芥川龍之介《あくたがわりゅうのすけ》が転入して転機が訪れた。五年には室生犀星《むろうさいせい》も移り住み、競うように作品を発表。二人を中心に菊池寛《きくちかん》、堀辰雄、萩原朔太郎《はぎわらさくたろう》、土屋文明らも居を構えるなど、大正から昭和にかけて田端は「文士村」となった〉

記念館は入場無料。平日の午後、解説ビデオの前の長椅子に一人座る黒スーツの勤め人ふうは、見学よりも休息に来たらしくメール通信に余念がない。落ち着いた木の内装の展示ホールに、田端関連文士・芸術家の写真と説明が壮観に並ぶ。私が名を知るだけでも野口雨情《うじょう》、中野重治《しげはる》、直木三十五《さんじゅうご》、瀧井孝作《たきいこうさく》、佐多稲子、林芙美子《ふみこ》、川口松太郎、サトウハチロー。

田端で小林秀雄は出世作『様々なる意匠』を書き上げ、村上元三《げんぞう》は直木賞受賞の報を聞いた。さらに社会運動家・作家の平塚らいてう、美術思想家・岡倉天心、漫画家・田河水泡《たがわすいほう》、陶芸家・濱田庄司《はまだしょうじ》、洋画家・山本鼎《かなえ》、石井鶴三、挿絵画家・岩田専太郎、人形作家・鹿児島壽蔵《じゅぞう》などなど、往年の人々の意志的な顔がいい。

ガラスケース内の展示は色紙や原稿の複製だ。堀辰雄『風立ちぬ』の初版本と色紙〈向日葵《ひまわり》は西洋人より背が高い　軽井沢にて　辰雄〉の字は書の雅味がある。室生犀星の初版『杏《あんず》っ子』と色紙〈あんず　あんずよ　花着け　地ぞ早やに輝け　あんずよ花着け　あんずよ燃えよ　ああああんずよ花着け〉はやや子供っぽい丸文字だ。どちらもこれという内容のない文だが、色紙は立派なことを書くものではないと聞いたことがある。

芥川龍之介の綴《と》じ原稿『河童《かっぱ》』は、当時病身ゆえか文字は小さく繊細だ。タイトル「河童」に「どうか Kappa と発音して下さい」と注釈し〈序〉になる。〈これは或《ある》精神病院の患者、――第二十三号が誰にでもしやべる話である。彼はもう三十を越してゐるであらう。が、一見した所は如何《いか》にも若々しい狂人である。僕は彼と向かひあつたまま、愉快に初冬の半日を暮した〉。〈僕は〉以降は棒線で消しているのが興味深い。

散文「東京田端」は、隣近所に知人が住み、気脈を通じている気分を活写する。

〈時雨《しぐれ》に濡《ぬ》れた木木の梢《こずえ》。時雨に光つてゐる家家の屋根。犬は炭俵を積んだ上に眠り、鶏は一籠に何羽もぢつとしてゐる。庭木に烏瓜《からすうり》の下つたのは鋳物師《いもじ》香取秀眞の家。竹の葉の垣に垂れたのは、画家小杉未醒《みせい》の家。門内に広い芝生のあるのは、長者鹿島龍蔵《かじまたつぞう》の家。ぬかるみの路を前にしたのは、俳人瀧井折柴《せっさい》の家。踏石に小笹《こざさ》をあしらつたのは、詩人室生犀星の家。（……）時雨の庭を塞いだ障子。時雨の寒さを避ける火鉢。わたしは紫檀《したん》の机の前に、一本八銭の葉巻を啣《くわ》へながら、一游亭《いちゆうてい》の鶏の画を眺めてゐる〉

ビデオ解説「芥川龍之介」のボタンを押し、長椅子に腰をおろした。着流し姿で庭木に登る有名な映像には幼い比呂志も映る。麦藁《むぎわら》帽子で煙草《たばこ》をふかすアップの視線が鋭い。越してきて二年、大正五年の作歌が紹介される。

田端にてうたへる

なげきつゝわがゆく夜半の韮畑《にらばたけ》廿日《はつか》の月のしづまんとす見ゆ
韮畑韮のにほひの夜をこめてかよふなげきをわれもするかな

シグナルの灯は遠けれど韮畑駅夫めきつもわがひとりゆく

韮畑があった田端への関心がひかる。さらに、

　東京にてうたへる

刀屋の店にならべし刀よりしろくつめたく空晴れにけり
冬の日のかげろふ中に三越の旗　紅《くれない》に身を細らする
日本橋橋の麒麟《きりん》の埃《ほこり》よりかすかに人を恋ひにけらしな

当時二十三歳、鋭敏な感性の観察力が若々しい。十二年後、芥川は「唯《ただ》ぼんやりした不安」の言葉を残して自殺。それを機に文士村は現在の大田区馬込《まごめ》に移ってゆく……。そこへすぐ隣のホールから女声合唱が聞こえてきた。

春になったら　水のほとりへ　いきましょう
あたたかい水はあふれみち　果てもなく広がり
大空の　白い雲を　映すでしょう

春になったら　いきましょう
水のほとりへ　指きりげんまん
春になったら　春になったら

コンクールで聴くような本格的な二部合唱に思わず耳をそばだて、扉の前に歩み立った。きれいだ、なんときれいなのだろう。春にはずむ乙女の気持ちが合唱にのって踊っている。次は大好きな『春の唄』。

ラララ　紅《あか》い花束　車に積んで
春が来た来た　丘から町へ
すみれ買いましょ　あの花売りの
可愛《かわ》い瞳に　春のゆめ

終わると、ややあって次の歌が始まった。

花のまわりで　鳥がまわる

鳥のまわりで　風がまわる（まわる）
まわる　まわれ　まわれ
こまのように　うたいながら
地球のように　まわろうよ

『花のまわりで』は、一九五五年、全国唱歌ラジオコンクール小学校の部課題曲として作られた名曲だ。二節目の〈風がまわる〉にすかさず二声部が〈まわる〉と応える呼吸、春の野に、両手を広げてくるくる回るような明朗な気分がすばらしい。

不意に現れて心を奪うものがある。東京に出てきた若いときのある春の夜、梔子《くちなし》の匂う暗い住宅地を一人歩いていて聞こえたピアノの練習曲に、その場から動けなくなったことがあった。今も仕事場の向かいのマンションからピアノが聞こえると、仕事の手を止め外に出て聴く。誰が弾いているかは知らないが、そこで無心に音楽を奏でていることが尊いと感じる。小林秀雄が、大阪道頓堀《どうとんぼり》で聞こえたモーツァルトの交響曲40番に釘《くぎ》付《づ》けになったというのはお話が上手すぎる気がするけれど、感性はわかる。

ピアノ伴奏ひとつで指導する先生の声はよく聞きとれないが、春の歌を中心に次々に歌われる曲には、歌うよろこびがあふれるようだ。どんな人たちが歌っているのだろう、不謹慎覚悟でそっと扉を開けると白髪も多いママさんコーラスだ。若々しい歌声から想像したよりも年齢は高いが、きちんと発声練習を積んだ声の美しさに一心に聴き惚《ほ》れた。

*

駅の北口、十数本もの線路を広大にまたぐ「新田端大橋」に隣接して架けた歩行者専用「田端ふれあい橋」は、両側にベンチを置いたちょっとした広場だ。その先の低地は家並みで、旧道のゆえか真《ま》っ直《す》ぐな道は少なく、三差路、五差路が続いて複雑化する。一本道がどうしてここで斜めに曲がるのかわからないまま行くと滝野川第四小学校正門になった。校舎に〈創立92年　未来へはばたけ滝四の子〉と大きな標語がかかる。下校中の子が正門脇の桜の青葉を採って口に当て、器用に鳴らす。

すぐ前の三差路一角は小さな赤鳥居の続く稲荷神社で、赤ちゃんを抱く若い女性がお参りして出てきたのと入れ代わりに入ってみた。立て札がある。

〈太田道灌《どうかん》公が　江戸城築城の際　方除《よ》け守護神として　江戸周辺に七つの稲荷社を祭ったと伝えられている　即ち　柳森稲荷社　烏森稲荷社　杉の森稲荷社　雀《すずめ》の森稲荷社　吾嬬《あづま》森稲荷社　宮戸の森稲荷社　それにこの東灌森《とうかんもり》稲荷神社である〉

新橋の烏森稲荷は知っているが、柳に杉に烏に雀か。手前の石鳥居は〈献奉　新吉原江原町壹町目尾張屋彦太郎　安政四年亥巳歳十一月吉日〉の銘。金網で覆われた、耳と口が真っ赤な狐《きつね》石像一対の、右の狐は鍵を、左の狐は宝珠を抱えてこちらを睨《にら》む。

石を刳《く》り貫《ぬ》いた古い〈御手水清鉢台〉にも説明が。

〈此《こ》の台は寛政六年九月奉納されたが　文化十一年正月徳川十一代将軍家斉《いえなり》公時代再建したもの　裏面に　寄進した新吉原、下谷坂本、浅草聖天町、金杉、御蔵町、田畑村の有志の氏名が刻まれてある〉

田端の地は、桜で有名な東の道灌山から上野の森、そして浅草へつながるイメージがわく。

再び戻って、新田端大橋の真ん中に立った。目の下は並走するレールが交錯し、また離れ、東をほぐしたように彼方まで続く。東京からどこまでも続くレールに解放と淋しさを感じるのは、そこに都落ちの気持ちがあるからだろうか。古い日本映画で跨線橋に一人たたずむ場面をよく見た。男も女も生活苦や叶《かな》わぬ心を抱いて立っていた。ゴーと音を立てて下を突き抜ける列車は自分も乗りたい気持ちをおこさせる。あれに乗れば今の境遇から逃げ出せる。それは広い東京の中で、一人で自分の心を見ている場面だった。

文士村記念館と線路をはさんだ南側が多くの文士たちが住んだ所だ。田端も馬込も文士村は高低差のある地形が共通するそうだ。高低が続く地は人生の上り下りを思わせ、高台からは人の世を見る気持ちを抱かせたか。滝野川第一小あたりには菊池寛。ポプラ坂には堀辰雄、岡倉天心。近くに萩原朔太郎。どの家と特定はできないがこの辺に暮らしたんだという気配は浮かぶ。

昔はなかった切り通しを越えて再び上がると芥川の旧居で、その先は先ほど田端駅南口から上がって来た所だ。今は石段になった駅への近道・不動坂を芥川は〈雨のふるときは足駄で下りるのは大分難渋だ〉と書いた。

下校してきた中学生の男子三人が石段下に座り、なにごとか話している。目の前の茫漠と広大な眺めは座りたい気持ちをおこさせるのだろう。少し前、泣き出しそうだった空から雨がおちたが、濡れるほどでもなく止《や》み、雲間から斜めの光が射してきた。

＊

駅北口下、路地角の居酒屋「初恋屋」は居酒屋好きにはちょっと知られた店だ。看板の魚河岸《うおがし》料理が人気で予約も多い。数年前、名前にひかれて入ったとき、ねじり鉢巻の主人と前掛けの奥さんはともにいい歳《とし》だったが、壁に飾った二人の若いころの旅行写真が店名を感じさせた。

しかし代が替わったのか別の人がやっている。暖簾《のれん》が出るのを待って入った私は一番客だ。カウンター端にはすでに三つ小皿と箸が並び、その隣に座るよう言われた。店の女性が注文を聞く。

「ビールですか」

「うーん……」

ビールは一口ほしいが春とはいえ夕方はまだ肌寒い。貼り紙〈奥の松・特別純米〉を燗《かん》で頼むと「これは燗できない」とのこと。特別純米こそ燗に最適だが。〈四月のおすすめ酒　石鎚《いしづち》　獺祭《だつさい》〉はたいへんよいが、吟醸はなお燗しないだろう。まあいいや、なんでも。一升瓶を逆さまに突っ込んだ燗付け器からすぐに燗酒が徳利で届いた。

ツイー……。

ふう、温まる。やっぱりいきなり燗酒にしてよかったな。一人ごちる間にどんどん予約客が来て、今来た二人は開店十分後なのにもう「今日はいっぱいです」と断られている。昔もこうだった。

刺身は〈寒ブリ・〆鯖《しめさば》・赤貝〉〈生ホタルイカ・蛸《たこ》〉〈活《いき》ホタテ・ウニ〉のような組み合わせセットに、ご飯だけの軍艦巻が一つつくのがお約束。これに刺身をのせて食べるのが楽しみだ。〈まぐろブツ・青柳《あおやぎ》〉は量もたっぷり、さてどちらをのせるか。

一人で居酒屋に入るようになったのは、まだサラリーマンをしていた四十歳のころからだ。今から思うとそのわけは「人付き合いに飽きた」に尽きる。一人で居酒屋で一杯やるほど気楽なものはない。話をせず、黙っていられるのがいい。酒は家でも飲めるが、家人がいれば黙っているわけにはゆかない。

ちびりとやって眺めているのは人の世だ。居酒屋には人々の裸の姿がある。酒に酔えばなおそれが表れる。人のふり見て我がふり直せ、自分もまったく同じだろうがそれでいい。当たり前だが自分は特別な人間ではない。市井のその他大勢の心地よさ。

くの字に折れた小さなカウンター、四人がけテーブル三つ、後ろは板張り小上がりの小さな店はカレンダーやビラなどが乱雑に貼られ、その乱雑さが気安い気分にさせる。頭にタオル巻き、黒Tシャツで一心に包丁を握る男と、注文を聞く女性はともに愛想はなく、ほとんどが常連らしい客も我関せず。居酒屋はこれでいい。

テーブル席は現場作業服の小企業社長ふうが新入社員を連れてきたようだ。若いのは話す言葉がなく黙って飲むだけだ。カウンターの男二人も作業服で焼酎。何かでこの店を知って来たらしい小ざっぱりした若夫婦は、わあおいしいとか言っていたがチューハイ一杯ですぐ帰った。

カウンターの三席は毎日来る人の指定席らしく、注文せずともすぐ酒が出る。「今日はホタテとウニ」と言いながら座った一人はホッピーの白と黒を並べ、それぞれ一杯作り交互に飲んでいる。もう一つ空いたままの席に「今日は○○さん来ないね」とつぶやく。小上がりは何かの会なのかおよそ十二人が無理やり窮屈に座り、リタイアした誰かの挨拶に拍手がおき、若いのが立って「ビール八本、それと」と注文をまとめ、店は完全に満員になった。こちらも酒に専念しよう。

二〇センチほどもある巨大な骨付きの〈まぐろカマ焼〉は大根おろしがたっぷりついて二五〇円は安い。濡れてみずみずしい〈きゅうり一本漬〉は添えた辛子がいい。盃《さかずき》を重ねて気持ちも温まってきた。

ここは「初恋屋」。自分にも初恋はあった。不意に現れて心を奪うものがある。その人の顔は今でもはっきり思い出せる。あの人と暮らす人生もあったのかもしれないと思うこともある。

しかし人生の大半はもう終わった。今は田端の居酒屋でひとり酒だ。

後ろに立つ女性の手が空いたようで、振り返った。

「ここ、代替わりしたの？」

「ええ、二年前」

「ご親戚か何か？」

「そうじゃないけど、前の人にやってくれと頼まれていて」

聞いてみよう。

「ご夫婦？」

「そうです」

「初恋？」

「まあ、そうです」

すこし照れ、こちらも笑い、そこで話をやめ前に向き直った。

春、初恋が生まれるときだ。

まわる　まわれ　まわれ

こまのように

文士村記念館で聞こえた女声合唱がよみがえる。うれしいとき、人は両手を広げてこまのように回る。青春とは回るこま。回るこまは倒れない。私ももうすこし回ろう。

「酒、もう一本」

彼女がにっこりした。

夏・浅草

アロハシャツを着て浅草《あさくさ》に行った。夏の浅草にはアロハが似合う。

六区興行街の広い通りは熱気の陽射《ひざ》しがまぶしい。道行く女性はみな日傘。警官に見えた制服は自転車置き場の整理員だ。ウインズ浅草馬券売場前に、だらしなくくたびれた男たちが所在なげな人だまりをつくる。通りに座り込むのはまともな方で、道端に寝転んで眠るホームレスと変わらぬ者もいる。新しいROX3ビルの付近は再開発中で広大な敷地がすっぽり二カ所も空き、昔のままに密集する飲食店と接して過渡期特有の一種荒涼たる風景だ。そのすぐ向こうに東京スカイツリーが何かの啓示のように立つ。昨年完成したばかりに見て、切っ先に五重塔頂上の「相輪《そうりん》」を思い浮かべた。

渥美清《あつみきよし》やビートたけしを育てた浅草は大衆演芸の街だ。浅草六区通りの街灯には〈浅草を育て、浅草を愛した文人、芸人の名跡をここに残す〉として、田谷力三《たやりきぞう》、古川緑波《ろっぱ》、榎本《えのもと》健一、三波《みなみ》伸介、内海桂子《うつみけいこ》・好江《よしえ》、由利徹《ゆりとおる》、大宮デン助、伴淳三郎、森川信《しん》らの懐かしい顔が並ぶ。牧伸二、長門勇《ながといさむ》は最近亡くなった。

角の浅草演芸ホール前で半纏《はんてん》の呼び込みが声をかけている。路上大看板〈五代目・柳家小さん追善《やなぎやこ》　ごくつぶし落語会〉は柳家さん喬《きょう》・小団治《こだんじ》を中入りに七月三十一日。もう一つの路上看板〈夏休み特別公演　にゅうおいらんず〉は人気の春風亭《しゅんぷうてい》昇太《しょうた》がトロンボーン、三遊亭《さんゆうてい》小遊三《こゆうざ》がトランペットを吹くジャズバンドだ。

浅草ROX横が入口の劇場「昭和歌謡コシダカシアター」の向かいは大きなディスカウント衣料店なのが浅草らしい。ここを常設館とする「虎姫《とらひめ》一座」を見たいと思っていた。今は『エノケン・笠置《かさぎ》のヒットソングレビュー』と『シャボン玉だよ！　牛乳石鹸《せっけん》!!』の二本立てが通算公演千回を突破した記念の新作『東京モダンガールズ』の五日間限定公演中。その昼の回を観に来た。

四階で五〇〇〇円を払って入ったホールは、舞台から延びるエプロンステージを囲むようにテーブルが並ぶレストランシアター形式。客は中高年が多く、男女半々すでに九分の入りで、ビールにオードブルのグループも多い。ワンドリンク購入がお約束、アイスコーヒー五〇〇円を手に一段高いカウンター席へ座った。

暗くなり、まず映像が映った。緑の畑に真っ赤な上下ジャージ姿の田舎娘《いなか》が六人。「東京さ行ってスターになるべ」「成功するまで帰んねー」。まず練習と田んぼでストリートダンスを始め、お父っつぁんに「盆踊りの練習け」と言われてくさる。映像が消え、生バンドがジャーンと鳴って真っ赤なコートに身を包んだその六人が颯爽《さっそう》と登場。力強い歌と踊りで田舎の少女の夢と想像の舞台が交互に進む。『雨に唄えば』の黄色いレインコートとタップダンス、サイレント喜劇風パントマイムにチャプリンの名曲『スマイル』、フラダンスで『ブルーハワイ』。一転田舎に戻り「東京で何する?」「銀ブラする」「銀のブラジャー? 派手でねえけ」と笑わせ、夕焼けの田舎に「これはデートではねえ」と強調しながらあこがれの彼氏と自転車を引いて歌うデュエット『ヘイ・ポーラ』の情感。私は三つ編み髪に黒縁眼鏡《めがね》のちょっとドジ、仲間由紀恵によく似た女優「しゅく」さんが次第に気に入ってきた。タンゴが妖艶な「あび」さんもいい。そうしてラスト、真っ赤なドレスで歌い上げるミュージカル『ヘアー』の挿入歌『アクエリアス』で最高潮になった。

第二部はお得意の昭和歌謡メドレー。フィナーレは、おなじみらしい裾をひらひらさせ脚を上げて踊るフレンチカンカンで、そのままステージを飛び降りて客とハイタッチで一周する大サービスに中高年が全員スタンディングオベーション。この一体感は浅草ならではかもしれなかった。

*

……ぐびり。つめたい生ビールがうまい。

雷門《かみなりもん》通りに並行する食通街とたぬき通りをつなぐ路地の居酒屋「房総料理　木《き》むら」は、去年の三社祭で来て気に入った。つまみにとった千葉の磯貝〈尻高《しったか》〉は、爪楊枝《つまようじ》でひねり出すとき貝の方を回すのがコツだ。

虎姫一座の舞台はとてもよかった。歌い踊るはつらつとした女優たちは文句なし。最後の舞台挨拶で、歌う曲は古いけれど初めて聴いてすぐ夢中になったと言っていたのは、あのころの夢見るような曲調に彼女たちも魅せられたのか。ここには「夢の二時間」があった。ドリームズカムツルー、浅草は夢を見させてくれるところだろうか。

「なめろう、できたわよ」

トントンと包丁音をさせていた〈鯵《あじ》のなめろう〉に、ビールを千葉の酒「吟の舞」に替えた。もう七十は超えたわ、と笑う店の女将《おかみ》は千葉・御宿《おんじゅく》の出身。小上がりに飾る海女《あま》の油絵肖像画は海女だった姉がモデルという。頭に白手拭い、傍らの桶《おけ》に手をのせて座る太腿《ふともも》がたくましく、紺絣《こんがすり》の海女着の裏地の赤が女らしい。この絵は右手が不自由な親戚のアマチュア女性画家が左手だけで描いたそうだ。姉は早世されたというが、若き日の肖像画が残るのはうらやましい。

姉の夫は漁師で、八十歳になっても「オレは十五から乗ってる」と自分の小型漁船・栄丸を出していたが、伊勢海老《いせえび》の夜網に出て昼になっても戻らず、「栄丸の様子がおかしい」という報《しら》せで見に行くと海から船に上がれず船べりにしがみついたままでいた。それをしおに船を下りさせ、記念に船の写真を撮った。それも額入りで飾られている。

むしった焼鯖《やきさば》を大量の刻み葱《ねぎ》と和《あ》えた名物〈さばねぎ〉がおいしい。焼鯖の脂っこい焦げ風味とツンとくる青葱の対比が素朴な、いかにも漁師料理で女将の考案という。もしかすると千葉の家でやっていたのかもしれない。

夏の夜、浅草の小さな居酒屋で飲む冷や酒がうまい。アロハに素足サンダルばき。勤めも、これといった仕事もなくなった今は、誰も誘わず一人で飲む酒が一番だ。船を下りた漁師は愛船の写真を見ながら一杯やるにちがいない。それはかつての夢の追憶だ。私もすでに船は下りた。しかし見るものがあるだろうか。浅草は夢を追憶させるのか。

店を出た雷門通りは、夏のラフな格好の欧米人観光客が目立つ。脇道に暑さでへたりこんでいるのもいて、それができるのもこの街か。

とっぷりと日も暮れ、暗闇に真っ赤にライトアップされた雷門が存在感を放つ。左右の仁王像も下からの照明でさらに筋骨隆々と威風が増す。この門は浅草寺《せんそうじ》観音に病気平癒を祈願した松下幸之助が報恩に寄進した。巨大な赤提灯《あかちょうちん》は三社祭と台風時のみ畳まれ、去年祭に来たときはたしかにそうだった。

本堂に向かうまっすぐの参道「仲見世《なかみせ》」両側の店は、夜になってどこもすでにシャッターをおろし、真っ赤なぼんぼり行灯《あんどん》が左右対称に中心に続く眺めは無限を感じさせる。

中ほど宝蔵門《ほうぞうもん》手前の人だかりから聞こえてきたのは、仲見世商店街が招いた富山県八尾《やつお》の「おわら風の盆」だ。哀調あふれる胡弓《こきゅう》と三味線に男が節をつけるおわら節は、わさわさと勇壮けたたましい三社神輿《みこし》と正反対に、か細く流麗に続き、目深な編笠《あみがさ》に顔をうかがわせない女性の静かな踊りもまた途切れない。歌が静かだと客もまた静か。シンとして永遠に続くが如《ごと》き踊りは、来るべき盆の霊を迎えるようだ。

巨大な本堂の正面階段に大勢の人が腰をおろして休んでいた。カップルも、中高年も、男一人も、外国人も、それぞれ夜の熱気をさましに座ったようだが雰囲気はちがう。私も尻を置きそのわけがわかった。ライトアップされて浮かぶ目前の巨大な宝蔵門、右手に高い五重塔、座る本堂もすべてが赤、赤、赤。暗闇に浮かび上がる赤一色の世界は浄土というよりはどこか禍々《まがまが》しい異界で、座る人々は眩暈《めまい》をおこしたように凝然と動かない。宝蔵門に下がる巨大草鞋《わらじ》は視覚バランスを狂わせ、夏の夜の寺は息を潜めていた霊が生命を回復してうごめいている。ここは冥府だ。

胸苦しさを感じて立ち上がり、金縛りから逃れるように境内裏へまわったが、本堂は裏もライトアップされ、人がいないだけにさらに異界の感が強まる。

境内を北に尽きると浅草寺病院だ。心の救いと身の救いが併せ立つ。言問《こととい》通りを渡って入った観音裏は街灯もコンビニもなく薄暗く、思いつきで角を曲がるとたちまち方向を失った無限徘徊《はいかい》になりそうだ。風もないのに柳がなまめかしく揺れ、ただよう夜気が艶っぽい。観音裏は花柳《かりゅう》界で、昭和三十年代全盛期は料亭百二軒、芸妓《げいぎ》六百人を数えた。人の心を救うのが寺ならば、欲を救うのは花街。浅草観音の表と裏はまさに表裏一体。観音裏こそ百鬼の夜行する冥府かもしれない。

人影はまったくないが、闇にぽつりぽつりと灯《とも》る店の灯が人の気配を感じさせる。居酒屋鬼平、石松、おかめ、たきざわ、スナックひばり、ひまわり、さと姉、居酒屋スナック滝、うなぎ以志田、びすとろ亜砂呂、金太楼鮨《ずし》、料亭都鳥……。夜道を煌々《こうこう》と照らす東京浅草組合見番《けんばん》は明かりはついているが人はいないようだ。

外に自転車がいっぱいに並ぶ居酒屋「喜美松《きみまつ》」は、さしわたし六尺はある酒の仕込み樽《だる》を輪切りに丸く立てたのが玄関だ。満員だが、入口すぐの大机角がひとつ空いていて座った。竹タガの酒樽を二つ重ねた腰掛けがいい。八丈島焼酎「情け嶋《なさしま》」に氷を浮かべてぐいと飲み、人心地がついた。肴《さかな》はモツ焼だ。

網代《あじろ》と葦簀《よしず》に葺《ふ》き分けた天井、袖壁に小窓。壁付けの扇風機二台が首を振る。カウンターは若いカップル、中高年男女、一人者。真ん中の大机は白シャツの会社帰りの男たちがひざを突き合わせる。

畳の小上がりには父と四人の娘。一番下の中学生くらいの女の子は漫画を読んでいるが、家族と一緒にいるのが楽しそうだ。隣は若いお母さん同士で、一人は赤ちゃんを抱いて揺すり、もう一人は脇に寝かせてすやすや眠らせながらビール。左端は年配のお母さんと娘二人。片方の浴衣《ゆかた》娘は眠る赤ちゃんを時々じっと見て、上がり畳は子を持つ女たちの席だ。

子供や赤ちゃんが居酒屋にいるのはなんと健全な風景だろう。若いお母さんはおんぶ紐《ひも》やバスタオル、おもちゃなどの大荷物をかまわず広げる。「よかった、空いてて」と私の前に座った若いカップルは女性が注文を決め、そのたびに男の顔を見てうれしそうにする。この人もそうだが女性は美人ばかりだ。それも心に迷いのないきりっとした日本美女。倦怠《けんたい》とか都会的とかいう言葉はここにはなく、適度にだらだらした一体感が店に満ちている。冥府の奥に家族の安らぎがあった。

店を出て、もと来た方角に見当をつけて歩いた。スナックからおやじ声のカラオケが聞こえる。アッパッパのおばさんが団扇《うちわ》を片手に素足でどこかに行く。いきなりドアの開いたスナックから出てきたにぎやかな集団は「また来てねー」「おお来るぞ」と見送りだ。暗闇に真っ白な千鳥破風《ちどりはふ》が浮かぶ立派な宮造り銭湯「曙湯《あけぼのゆ》」からステテコの男がタオルを下げて出てきた。路地は暗いが家の中ではいろいろなことが行われているのだろう。人恋しくなり、なじみの居酒屋「ぬる燗《かん》」の暖簾《のれん》をくぐった。

観音裏が気に入って居酒屋を開いた主人は、若さが抜けていい男になってきた。今は夏、純白の鯉口《こいぐち》がすっきりと似合う。

「どこかまわってきたんですか」

「うん、喜美松」

「ああ、あそこはいいです」

平盃《ひらはい》で飲む夏の燗酒に、千葉の背黒イワシを酢漬けして白黒ゴマを振った〈背黒イワシ胡麻《ごま》酢漬け〉がよい肴だ。夜の十時に入ってきた、寝間着のような甚兵衛にステテコの男は、浅草寺病院から抜け出してきたかのようだ。彼と主人の話題は明日の隅田川《すみだがわ》花火大会だ。

「明日雨らしいよ」

「ふるふる、絶対降る、やれっこないよ」

男の、まるで降ってほしいようなひねくれた物言いが江戸っ子らしい。十時四十五分をまわってまた一人、色っぽい女性がカウンターに座った。

「なんか寝られなくて」

寝られないと居酒屋に来る。話でもしてみたいがカウンター端からは遠く、ぼんやりと聞いていた。

「ぬる燗」を出て再び暗い浅草寺境内に裏から入り、参道仲見世に立つと人ひとりなく、赤い行灯が点々と続くばかりだ。サンダル草履の足裏に石畳がぺたぺたと貧相な音をたてる。冥府と思った観音裏には別世界のように人の世があった。

酔った意識に、今から帰る現実世界の方が冥府魔道の地と思えてくる。してみるとここは彼岸此岸《ひがんしがん》の三途《さんず》の川……。

＊

翌日もまた浅草に出かけた。

雷門通りの蕎麦《そば》屋「尾張屋《おわりや》」に、帽子に厚いオーバー、丸眼鏡でかしわ南蛮をする永井荷風の写真が飾られ、説明がある。

〈人嫌い　写真嫌いの永井荷風氏は文化勲章受章　芸術院会員といったイメージとはまったく縁遠い質素な生活　千葉県市川市の粗末な住居には万年床　そして自炊の毎日10

日に1度は浅草の踊り子のいる街に出かける　34年3月　まだ学生だった私は　自宅を出てから浅草までカメラを構えて先生を追いかけた　何回か怒鳴られながらフィルムに収めたのがこの写真　その1ヶ月後　79歳の荷風先生は　自宅の居間で洋服姿のまま死んでいるのを手伝いのおばさんに発見された　千葉市　井沢昭彦〉

箸の持ち方はややぎこちないが表情は満足げだ。かしわ南蛮は醤油《しょうゆ》のきいた東京の味でおいしい。私もいつかは一人暮らしになるかもしれない。そのときはまた食べに来よう。

それからロック座に行った。浅草ロック座はまだストリップをやっていると知り一度見たいと思っていた。

表の看板は〈7月公演「アイリー！」松嶋れいな・美緒みくる・藤咲リオナ・沙羅・杏野るり・ＭＩＫＡ・小嶋実花〉の美女写真が並ぶ。入場料一般五〇〇〇円・シニア六十五歳以上四〇〇〇円・女性割引三〇〇〇円・カップル割引七〇〇〇円。階段を上がった二階は普通の劇場ロビーで売店に立つのは若い女性だ。古い運転免許証を見せてシニア券を買い、白い小旗を持たされた。三時の開演に客は七分の入り。中高年男やカバンに黒スーツのサラリーマン、浴衣を着た欧米人、男女カップルに中年女同士もいる。

還暦を過ぎた身だがストリップを見るのは初めてだ。舞台からエプロンステージが延びた先は丸い踊り場で、その周囲がいわゆる「かぶりつき」か。

場内が暗くなり、軽快な音楽にのって緑色の全身レオタードに仮装アイマスク、大きなバーつきの布を両手に六人が登場し、モダンダンス風の踊りが始まった。終わると残った一人が薄物をまといエプロンステージを進み出て、下は裸のようだ。先端の踊り場に至り横になり、ステージがゆっくり回転する。高々と脚を上げた大胆なポーズに拍手がおきる。踊り子は笑みを絶やさず、時々客の一人に熱い視線を送る。今一度ポーズして袖に消えると、満場の張り詰めた空気が一段落する。

こうして南海もの、浅草観光バス、ビーチバレー、平安朝風など装置も衣裳《いしょう》も振付も替え、群舞から一人ストリップに続く構成はかなり凝っている。ダンサーを乗せてしずしずと来る移動台に、ファンらしき人が黙って花束や紙袋の贈り物を置くのがいじらしい。メインの松嶋れいなは大掛かりな中世騎士もので、眼前に現れた微笑《ほほえ》みにひときわ盛大な拍手がおきる。

美しい女性が素裸で踊り、こちらに微笑むほどよいものがこの世にあろうか。天《あま》の岩戸が開いたのも当然だ。ストリップショーとはこんなによいものだったか。荷風の心境がよくわかる。フィナーレは渡された小旗を振るのがお約束のようで盛大に振り、悠然たる松嶋れいな、やや憂愁をおびた小嶋実花のファンになった。

「ぬる燗」主人に教わった観音裏の「釜めしむつみ」は玄関戸を開けるといきなり畳座敷で、小卓の白座布団に座った。大きな招き猫、押絵羽子板、風鈴。座敷隅に置いた座り机の帳場台がいい。

夏の夕方、瓶ビールを昔ながらのコップに注いだ。肴は〈煮物盛り合わせ〉。近所から子供の遊ぶ声が聞こえる。マンション暮らしから逃げるように来た私は本来の居場所をみつけたのだろうか。

繁盛する店で、今から始まる花火大会が終わった後の予約電話がどんどん入り、今夜は閉店を三十分延ばすと言っている。浅草は中高年男と女性の二人連れが多く、自分の娘でないのは話しぶりでわかり、といってわけありというほどでもない。またおばさん同士でビールも普通の光景。連れた子が外に遊びに出てゆくのを止めもしない。その片隅で飲む酒はこころ休まった。

夕暮れてきた言問通りを隅田川に歩くと次第に花火見物の人が増えてゆく。大型警察車が何台も横付けされて規制ロープを張り巡らし、大勢の警官が立ち並ぶものものしい様子になってきた。川に向かう道路のまん中はシートを敷いて座り込んだ見物人で埋まり、飲み物や焼きそばの露店も列が長い。東京の人はこんなに花火好きだったか。

言問橋手前の道を埋める大群衆に警官がスピーカーで「立ち止まらないでください」

と絶叫する。仕方なく身をまかせ、待乳山聖天《まっちやましょうでん》から左に抜けた道路に座り込む一群の後ろに立った。

やがて轟音《ごうおん》とともにぼんぼんと始まり、見える場所を探す。ひゅるひゅると上がって天空を圧する花火の輪、しだれ落ちて重なるぱちぱち音。異変を感じた鳥がシルエットで飛び交う。

夏の夜の大花火を前に言葉なしとしばらく見るうちに、冷たい風がヒューと吹いたとみるや、花火轟音を雷鳴とするが如く、一天にわかにものすごい夕立が大粒を叩《たた》きつけて落ちてきた。道路はたちまち水が流れて川となり、座る見物客は阿鼻《あび》叫喚に立ち上がって敷いたシートをかぶるがしのぐ術《すべ》はない。浴衣の娘がみるみる全身ずぶ濡《ぬ》れになり黒髪から水を滴らせ、呆然《ぼうぜん》と立ちすくむ細い体は、濡れた観音像のようだった。

秋・阿佐谷

関東大震災後、文士は郊外に住まいを求め、世田谷《せたがや》は左翼作家、大森は流行作家、中央線沿線は三流作家とも言われた。

昭和二年、荻窪《おぎくぼ》に越してきた井伏鱒二《いぶせますじ》は将棋好きの仲間と「阿佐ヶ谷《あさがや》将棋会」を作り、やがて文士らの集う「阿佐ヶ谷会」、阿佐ヶ谷文士村とよばれるようになった。他所《よそ》から阿佐ヶ谷会を来訪する人も増え、八王子（瀧井孝作）、武蔵野《むさしの》（亀井勝一郎）、杉並（井伏鱒二・青柳瑞穂《あおやぎみずほ》・外村繁《とのむらしげる》・上林暁《かんばやしあかつき》・太宰治・火野葦平《あしへい》・河盛好蔵《かわもりよしぞう》・臼井吉見《うすいよしみ》・新庄嘉章《しんじょうよしあきら》・古谷綱武《ふるやつなたけ》・巖谷大四《いわやだいし》・伊藤整《せい》）、中野（中島健蔵）、世田谷（三好達治）、川崎（河上徹太郎）らの名が残る。

＊

今の阿佐谷《あさがや》は私には映画の町だ。駅北口に日本映画の旧作を上映する映画館「ラピュ夕阿佐ヶ谷」ができてから阿佐谷は定期的に来る町になった。

東京は古い日本映画の上映が盛んになり、京橋《きょうばし》＝フィルムセンター（現・国立映画アーカイブ）、池袋＝新文芸坐《しんぶんげいざ》、神田＝神保町《じんぼうちょう》シアター、渋谷《しぶや》＝シネマヴェーラ渋谷がその中心だ。どこも企画上映に知恵をしぼり上映スケジュール表は各館に置かれる。ラピュタ阿佐ヶ谷は名作路線とは逆の無名作品の上映で映画好きをうならせ、その意味では「中央線沿線は三流作家」の流れをくんでいるか。

上に向かって太くなる、どこか童話的な逆円錐《えんすい》形建物はアニメーション専門館としてはじまった名残か。一階ロビーは木の内装に丸太輪切りテーブル、ベンチ、二〇〇円で飲めるコーヒーのポットもある。上映開始を待つ大部分はヒマをもてあまして行き場のないだらしない格好の中高年だが、映画マニアらしい若い男女もいる。手にする入場券の整理番号が二階劇場に入る順番だ。

今は「蔵出し！　日活レアもの祭」として二カ月かけて三十八本を上映する。ロビーは製作当時のポスター、『永遠のマイトガイ小林旭《あきら》』『女優魂中原早苗』『小百合ちゃん』『日本映画ポスター集　日活映画総集篇《へん》』などの関連図書、回転ラックには白黒のスターブロマイド写真、掲示板には最近の映画記事の切り抜きなどが貼られ、静かに聞こえるのは特集に合わせた日活映画主題曲だ。

今日は『太陽への脱出』（一九六三年／監督：舛田《ますだ》利雄）を観に来た。掲示板には当時日活が映画館に配った宣伝資料も貼ってある。〈スタッフ・キャスト、解説、物語、ロゴ清刷《きよず》り〉の次は〈宣伝ポイント〉だ。

〈☆日活がゴールデン・ウィークを強烈なタッチで凄惨に放つ、裕次郎の久々のアクション巨篇です。☆館前装飾には「裕次郎の久々のアクション！」を印象づけるために、ハッタリを嚙《か》ました「大切り出し看板」を、お作りになることをおすすめします。また、場内飾り付けにしても、何にか恐しさを感じさせるアイディア（等身大の裕次郎の白黒の写真に七色の照明をあてる）が必要です。☆機関銃、拳銃のプラモデルを使用しての飾り付けなどには、バックの新聞紙に血痕をつけてみるのは如何《いかが》でしょうか〉

宣伝文案は、

〈☆俺は生きちゃいねえ、日本人の俺は！　異国の暗黒街に殺人指令を抱き込んだ〝死の商人〟裕次郎!!　☆売国奴！　裏切者！　汚名の屈辱に立ち向かい、女の愛を捨て灼《しゃく》熱《ねつ》の地獄をのたうつ熱血裕次郎!!　☆女の肌に郷愁を刻み、売国の汚名に拳銃を握る…！　動乱の地アジアをゆく、死の烙印《らくいん》を押された裕次郎!!〉

放送文案もある。

〈本日はご来場下さいまして誠に有難うございます。ご休憩のひとときをお借り致しまして、皆様お待ちかねの次週上映々画「太陽への脱出」のご案内を申し上げます。これは、動乱の国バンコック、南ベトナムに長期ロケを敢行した作品で、故国をすて、名をすてた武器密売の〝死の商人〟に扮《ふん》した裕次郎が、最後には蜂の巣のように射ち殺されるという久々の凄惨なアクション巨篇でございます。監督は舛田利雄。全篇に緊迫感が盛り上がる久々の強烈アクション大作でございます。何卒《なにとぞ》皆様、次週〇日よりの「太陽への脱出」「太陽への脱出」に、ご期待の上、当劇場にご来場下さいませ〉

時間が来て客席四十八はほぼ埋まり、上映が始まった。

南ベトナム内戦で使われている兵器が日本製で、その売り込みに行った日本人二人が行方不明という情報を得た新聞記者（二谷《にたに》英明）は、バンコクに飛び、常にサングラスをかけたクラブ支配人（石原裕次郎）に会い、中国人名である彼が行方不明とされた兵器密売人の一人ではないかと疑い始める。

大掛かりなバンコク・ロケ、現地の台詞《せりふ》はすべて英語で日本語字幕が出る。英語が堪能な二谷は外国映画に出ているようだ。話は予想通りに展開。兵器密輸に関わる民間人として日本政府から死んだとされた身が無事日本へ帰れるかがクライマックスとなる。デビューから七年。二十九歳の裕次郎は、白いタキシードジャケットがぴたりと決まる体にかすかな疲労感がただよい、男の色気がにじんでいた。

外に出た北口の飲み屋街スターロードは夜の時間だ。映画を観てこのあたりで飲むのも習慣になった。小さな提灯《ちょうちん》のかかる「燗酒屋《かんざけや》」は白割烹着《しろかっぽうぎ》の美人女将《おかみ》にファンが多い。今日は私が最初の客で、開け放たれた玄関からカウンターに適当に座ると「そこはいつも来られる方がいるので、端の方がお楽です」と言われ、隅に寄った。

季節は秋。生ビールは終わり、瓶ビールをコップに注いで飲み干し、入って来た「いつも来られる方」にいささか注目した。渋茶の着流しに角帯、草履。豊かな黒髪はきちんと整髪され、おもむろに黒い扇子を置く腕に高級腕時計が光る。ここに座るために整えた身なりのようだ。

「燗酒とさんま焼」

すぐさまいつものらしき徳利が用意され、女将が声をかけた。

「島根の天穏《てんおん》、純米です」

「ん、それ」

男がためらわず取ったカウンターの籠盛り盃《さかずき》は、いずれ酒にするつもりの私が、使うならあれだなと目をつけたものだ。客はそれきり黙って渡された新聞に読みふけり、一連の動作に慣れがある。

今来た中年はくたびれたポロシャツにサンダルだ。手に何も持たないのは近所の人だろう。定席らしい入口横のカウンターに座りながら黒板を一瞥《いちべつ》。

「ビール、銀杏《ぎんなん》素揚げ、あとぬか漬」

こちらは夕刊を渡され、やはり黙ってページをめくる。家からこの時間を待ちかねていたようだ。常連は喋《しゃべ》らない。後れをとったこちらもそろそろ注文しよう。

L字カウンターは七席。畳一畳に小判形のちゃぶ台を置いた二人用の小上がりは座ってみたい。小さく細長い店は裏口も開け放たれ、気持ちよい風が通り抜ける。

秋の燗酒が腹にしみる。〈本日の前菜三点盛り＝揚げ里芋・もどりカツオ刺身・砂肝とうずら玉子の煮物〉は季節感がありお徳用だ。女将は支度に忙しく店はシンとして、ラジオのＮＨＫ首都圏ニュースだけが小さく聞こえる。

もう一人来たのは大学助手のような学問タイプ。入店前から決めてきたようにすらすらと燗酒とカツオ刺身を注文し、難しそうな本を広げる。阿佐谷の小さな居酒屋は一人客が多く、それぞれ流儀があるようだ。私はいま観てきた映画を肴《さかな》にすることにした。

裕次郎を慕う現地人秘書（岩崎加根子）の献身もあって、日本に戻ることができた二谷は証人として裕次郎を連れ、社にゆくが、大スクープのはずの記事は日本政府高官の黒幕により差し止められる。裕次郎は単身で黒幕の操る偽装兵器工場の爆破を試み、機動隊に連射されて死ぬ。一部始終を見ていた二谷はこんどこそ真実を書く決心をする。

ラストショットは撃たれる裕次郎から落ちたサングラスのアップに、昇る朝陽《あさひ》が反射していた。

＊

数日後『初恋カナリヤ娘』（一九五五年／監督：吉村廉《れん》）を観に行った。

十六代続く小鳥屋の娘（神楽坂浮子《かぐらざかうきこ》）は歌が好きだ。隣のアパートの二階に下宿するハンサムな恋人（岡田眞澄《ますみ》）にプロ歌手のテストをすすめられるが、父は、娘が幼いころ妻（丹下キヨ子）が歌手になると家出したきりで、歌手なんてと断固反対だ。娘は別れた母が恋しい。岡田の下宿相部屋のクラブのボーイ（フランキー堺《さかい》）は、ドラマーが休みのとき叩《たた》かせてもらっている。そのクラブにブラジル帰りのふれこみで自信満々の妖艶なマダム歌手が現れる。

お決まりの夫婦再会、仲直り、娘の歌手の夢もかなうハッピーエンド。見どころは出演者だった。クラブの演奏はフランキー堺の最初期バンド「シティ・スリッカーズ」で、「ハナ肇とクレージーキャッツ」結成以前の桜井センリがピアノを弾き、谷啓がトロンボーン、フロントラインに立ってマラカスを振る長身男・植木等のにやにや笑いはすでにかなり魅力的だ。さらに「浜口庫之助《くらのすけ》とアフロクバーノ」は、髭《ひげ》の浜口庫之助がらせん階段からマラカスを振りながらマンボを歌って下りてきて、セクシーな踊り子に交じり最後は型を決める。浜口庫之助＝通称ハマクラは後に『黄色いさくらんぼ』など都会調のしゃれたヒット曲を書いて売れっ子作曲家になった。さらに圧巻は、豹柄《ひょうがら》のセパレート水着、頭にも豹耳をつけた丹下キヨ子が歌い踊る『恋の花咲くサンパウロ』。ダイナミックに腰を振るステップは演技力もあって迫力そのもの。終戦からまだ十年、わずか五十七分の音楽もの白黒小品は充実していた。

まだ外は明るくスターロードを荻窪方向に歩いた。朝六時までやるスタンド居酒屋「暖流《だんりゅう》」は、阿佐谷に稽古場があった唐十郎《からじゅうろう》率いる状況劇場のたまり場だったとか。バー「アルフォンソ」、季節一品料理「風流《かざる》」は入ったことがある。右路地に少し入った青森出身主人の居酒屋「善知鳥《うとう》」はいい店だったが数年前閉店した。これも一度入った、道が鉤《かぎ》の手に曲がった角の居酒屋「彦次郎」は新しい建物になった。そこから住宅地になる左の、看板がなく主人の名刺だけがピン留めされた居酒屋「可《か》わら」で、脱サラの主人相手によく映画の話をしたがここも半年前閉店した。現実は消えてゆく。消えた現実を映画の中に観に行く。

その先が名曲喫茶「ヴィオロン」だ。中央線沿線は高円寺「ネルケン」、荻窪「邪宗《じゃしゅう》門《もん》」など名曲喫茶がまだ残り、ヴィオロンは、閉店した中野「クラシック」に通っていた人が同じ店をと一九八〇年に始めた。

シャンデリアの下がるくすんだ店内の椅子はすべて正面二つの大スピーカーボックスに向き、奥は床が一段低く試聴室の雰囲気だ。あちこちに古い管球アンプやホーンスピーカー、レコード針の箱や裸の真空管が所せましと置かれ、レコードは棚からあふれて積まれている。

昼下がりに中年男客が数人、黙然と座る。奥の大男は流れるバレエ音楽に全身で聴き入り、魂をうばわれたようだ。名曲喫茶で女性客を見たことがない。中年男はロマンチックなのだろうか。

替わったレコードの音色に聴きおぼえがありジャケットを見せてもらうと、はたしてウエストミンスター・レーベルの『室内楽の名盤』シリーズだ。

上京して入った大学になじめないまま授業に出ず、下北沢《しもきたざわ》の小さな下宿で唯一の宝物のFMラジオでクラシックを聴く日が続いた。最も心に残ったのがこのシリーズのバリリ四重奏団とウィーン・コンツェルトハウス四重奏団だった。後にCDで手に入れ今も聴いている。

流れているのは一九三四年に結成されたウィーン・コンツェルトハウス四重奏団の一九七一年録音『ハイドン弦楽四重奏曲第76番』。若いときに、このノーブルで艶のある演奏に心ひかれたことがうれしい。今は人生の秋を迎えている。深まりゆく秋にこれほどふさわしい曲はない。秋には弦楽四重奏が合う。

映画は小鳥屋の娘が籠のカナリヤを見つめる場面を象徴的に映していた。娘はカナリヤとなって籠を出た。私は下北沢の籠のような下宿からはばたいただろうか。しかし音楽のよさはそこで知った。それで充分ではないか。ハイドンがしみじみと耳にしみてゆく。

＊

今日は二本観よう。

『海底から来た女』（一九五九年／監督：蔵原惟繕《これよし》）は不思議な作品だった。

葉山《はやま》あたりの別荘に夏休みに来たブルジョワ学生（川地民夫）は、遊び仲間の乱痴気パーティを抜け出した夜のヨットで、食い散らされた生魚の間から上がってきた半裸のグラマー美女（筑波《つくば》久子）を舟に上げる。その夜、美女はどこから入ってきたのか川地のベッドにいて、若い川地は夢中になる。女は、かつて土地の漁師が退治したつがいの鱶《ふか》の雌で、その後しばしば漁師を食い殺して恐れられている化身だった。漁師たちはその〝鱶女〟の退治に銛《もり》を手に集まり、のぼせた川地は彼女を守ろうとするが……。

鱶女と純情ブルジョワ学生の恋。当時の日活のちらしには〈夢か幻想か！　灼熱の陽に白肌を恥じぬ野生の乙女！　美しき夏の海に燃え盛る激しき恋の大ロマン!!〉とある。漁師の土俗と都会から来た別荘族の対比は奇妙な均衡を保ち、いわゆる伝奇ロマンとは違う現実味があった。傷心で別荘を去る川地は、近所の作家（内田良平）に「君の見たものの方が本当だったんだよ」と言われ、引き返して海に潜るラストは、原作・脚本・石原慎太郎の芸術至上主義だったたか。

『青い芽の素顔』（一九六二年／監督：堀池清）は六十四分の小品だ。

四本のお化け煙突が見える下町のおもちゃ工場で働くみどり（吉永小百合）は、日比《ひび》谷《や》の映画館で知り合った学生（川地民夫）と、自分は女子大生と嘘《うそ》をついたまま付き合い始める。大会社社長の息子の川地とその学友に箱根《はこね》にドライブに誘われ、かまわないから女子大生ということで通しましょうよという工場の女友達と一緒に出かける。モーターボート、湖畔のお茶と遊ぶうち、小百合は嘘を通し続けることが苦しくなる。

小百合の実家は飲み屋をやっているが、三年後の東京オリンピックのため立ち退《の》きが決まった。母（奈良岡朋子《ともこ》）は「なんでオリンピックなんかやるんだろうねえ」とこぼし、大学に行きたいと言う小百合に「どこにそんなお金があるの、あんたは新しい店で働くの」と耳を貸さない。小百合は二階で寝込み、彼女が大学生と付き合っていたがあきらめたのをおぼろに知り、気づかって上がってきた姉にしがみついて泣く。ずっと工場で働くと決心した小百合が、下町の川の土手道の下を小型納品車ミゼットを運転して行くのを、高級外車オペルで川地が上から見ながらゆっくり並走する場面は階級差を見せて巧みだ。

事情を知った川地は男らしく一人で飲み屋に行き「みどりさんと付き合っている者です」と立って挨拶し、母と姉は見直す気持ちになる。二人は思い出の日比谷公園で再会する。

映画はよかった。ぼろぼろ泣いた。デビューまもない吉永小百合このとき十六歳。あらゆる表情は一点の曇りなくまぶしく光り輝き、主役を演じ始めたこのころから人気が爆発したのもまったくよくわかる。相手役の川地は、本人の地に最も無理のない清潔な金持ち学生を素直に演じてうれしかった。

南口から新宿方面への一番街は北口スターロードのずぶずぶの飲み屋街とちがい、音楽系のバーや個性的な居酒屋が多い。いちばん奥の「吟雅《ぎんが》」の二階の「CHECKER BOARD」からお姉さんが下りてきて〈本日のライブ　☆「地味」KEN　☆もんちライブチャージ500えん　お気軽にどーぞ♪〉のビラを貼り「よかったらどうぞ」と誘われた。

居酒屋「吟雅」は内装黒一色の日本酒カウンターバーだ。昔来たと話すと「憶《おぼ》えてますよ」と。こちらから話さないと黙っているのが阿佐谷流か。日本酒は重厚なタイプが多く、すすめられた「道灌《どうかん》」は今評判の滋賀の酒で、純米生原酒「湖弧艪《こころ》」は〝琵琶湖に艪がしなう〟だろうか、凝ったネーミングだ。日本酒好きのマスターは洋食出身だそうで、玉子一個にしときましたと言う〈生ハムとパルミジャーノのオムレツ〉はとてもおいしい。

「今日も映画ですか」

「うん」

前もそんな話をしたのだろう。

「二階はライブだね」

「ええ、いい店ですよ」

CHECKER BOARDは小さなカウンターバーで、細長い店の奥が一応ステージらしくアンプや楽器ケースが積まれている。十人ほどの客に出演者もいるのだろうが誰かわからない。平日の夜、阿佐谷の小さなライブにやってくる人がいる。スーツ姿に鞄《かばん》は勤めを終えたサラリーマンか。ウイスキーを手にするうち、端に座っていた若い女性がステージに進みアコースティックギターを構えた。もんちさんだ。バックはない独り演奏が始まった。

　ダメよと言われてむくれてる
　しくじった時は涙ぐみ
　褒められた時は照れ笑い
　残った写真が教えてくれた
　平凡という宝物
　見守る人のまなざし
　平凡という宝物
　今夜きっと抱きしめる

　ややハスキーな声でぶっきらぼうに静かな曲がながれた。誰かを失った後に知った『平凡という宝物』。去った青春を歌う声に諦念の気持ちがあふれる。
　数曲が終わってギターを置くとぱちぱちと拍手がおき、次の歌手が支度を始めた。カウンター端に戻ったもんちさんに「よかったよ、ＣＤ買うよ」と言うと、にっこり笑った。

冬・新宿

「生、それとシューマイ」

新宿三丁目の居酒屋「池林房《ちりんぼう》」の店の隅に座り注文した。ここの生ビールはうまい。冬であろうと居酒屋の最初は必ず生ビールだ。肴《さかな》はいろいろあるが、最近は手っ取り早く腹にたまるこれだ。店の名前は外看板の〈やれ遊べ酒池肉林には届かねど〉が表している。四段ほど下がった半地下の重い扉は、どこかアジトに入るような気分をつくり、アジトゆえに誰か知り合いがいるかもと期待させる。

「あれ、和《かず》さん一人？　最終的に何人？」

「一人だよ」

声をかけたのはオーナー・太田篤哉《とくや》さんだ。ここに来るときはたいてい何かの集まりか数人かなので、そう思ったようだ。正月のあけた平日。まだほかに客はなく、篤哉さんは「ごゆっくり。あ、今年もよろしく」と言い足して出て行った。彼は近所に四軒の居酒屋をもち、それらを回って様子をみるのが仕事で、ここにばかりはいない。

いつも仲間と会う居酒屋に一人で来ているのは、学生時代のサークル部室に一人でいるような気持ちだ。湯気を上げるシューマイは大きく、冷たいビールをまたぐっと飲んだ。

＊

新宿に通うようになって何年だろう。一九六四年、郷里の信州《しんしゅう》から大学に入るために上京して初めて降りた駅は新宿だ。

その年は今の紀伊國屋《きのくにや》書店ビルができたばかりで、モダンな外観の巨大書店に驚いた。すでに上京していた高校の美術部の先輩に呼ばれて行った書店前の名曲喫茶「凮月堂《ふうげつどう》」は、高い天井まで一気に打ち放しコンクリート吹き抜けのモダン建築で、二階回廊の棚にびっしりならぶクラシックレコードに東京は本格的な所だと思った。凮月堂は、岡本太郎、瀧口修造、白石かずこ、谷川俊太郎、朝倉摂《せつ》、栗田勇、野坂昭如《あきゆき》、岸田今日子、唐十郎、寺山修司、天本英世、五木寛之、安藤忠雄など、六〇年代気鋭の芸術家や俳優、揺籃《ようらん》期にある新人作家のたまり場として知られ、先輩の「ここに来れば誰かいるんだ」と東京にも慣れて紅茶を飲む様子がまぶしく、グラフィックデザイナーを目指していた自分はそういう世界に入るのかなあと思った。しかし、七三年に閉店、今は文化のかけらもない量販店「ビックロ」だ。

下宿した下北沢から、大塚にある大学へ通うには新宿で電車を乗り換える。希望を抱いて入学した大学はおよそ期待にはずれて、足は遠のき、たいてい新宿で降りてしまった。

時まさに六〇年代新宿文化の勃興期。演劇、映画、文学、美術、デザイン、写真、舞踏、ジャズ、ハプニングと、アングラ前衛芸術が怒濤《どとう》のようにわきおこっていた。その年の東京オリンピックに集結した若いデザイナーたちのめざましい仕事に較《くら》べ大学の授業はまったく無力で、このまま通ってもグラフィックデザイナーにはなれないという焦りは、新宿の町こそが自分の学ぶ場と思わせた。

駅東口の階段を上がった交差点向かい角の「ワシントン靴店」（現・ABCマート）で店員のアルバイトを始め、グレーのカーディガンの制服がうれしく、バイト料で初めて革靴を買った。今日もそうだが、今もこの階段を上がるときは、さあ大海に身を投じるんだと身構える。

「和さん、まだいたの」

篤哉さんが戻って来た。私がいつまでも一人で飲んでいるのが珍しいようだが、といってそれ以上話しかけるでもないのが長年の付き合いだ。てきぱき働く店の若いのは皆無口で、注文の料理を作り運ぶことに集中している。「おもてなし」などという歯が浮くような言葉とは無縁の硬派な店は、そういう対応を好む客で混んできた。半数以上は女性だ。

小上がり座敷に貼られたポスターは唐十郎＝状況劇場の『腰巻お仙』公演と寺山修司＝天井桟敷《てんじょうさじき》の定期会員募集で、デザインはともに横尾忠則。モダンデザインに真っ向からぶつけたポップな土俗的表現は痛快以上に革命的だった。

唐十郎の演劇はその最初期から観た。六六年六月・新宿日立レディスクラブホールの『アリババ』、六七年二月・新宿ピットイン『ジョン・シルバー（時夜無銀髪風人）』、五月・青山《あおやま》草月会館ホール『ジョン・シルバー新宿恋しや夜鳴篇《へん》』、八月・新宿花園《はなぞの》神社第一回紅《あか》テント公演『腰巻お仙　義理人情いろはにほへと篇』、十二月・同『アリババ（傀儡版壺坂霊験記）』、六八年三月・同『由比正雪《ゆいしょうせつ》』と、すべての公演をたて続けに観た感銘は、間違いなく今までの生涯で最大最高のものだ。何時間も並んで入った花園神社の紅テント公演では脱いだ靴の袋を手にどんどん前に詰めさせられて桟敷の一番前に。幕が開いた瞬間、袖から舞台に突入した（これが得意の登場だった）女形・四谷《よつや》シモンに、当時アーミーカラーのカストロ帽をかぶっていた私は「ちょっとそこの自衛隊のお兄ちゃん！」と名指しでからかわれ、真っ赤になってうつむいた。

六七年五月には映画上映が終わった後のアートシアター新宿文化で、寺山修司が結成した演劇実験室「天井棧敷」公演『青森県のせむし男』を観た。終演後は電車がなく、下北沢まで歩いて帰ったのではなかったか。自分は誰とも付き合わず新宿に入り浸ったが、外食する金はなく、池林房もまだなかった。

興味の中心は映画で、金はなくても新宿文化の毎月の名作映画に通い、日活名画座の三日替わりの名物「欧州名画特集週間」は新聞切り抜きの上映表を持ち、シネマ新宿、新東地下劇場、新宿ローヤルなども回った。そのころから観た作品の記録を始め、六五年・七十一本、六六年・九十九本、六七年・八十四本、六八年・七十本、六九年・八十本。次第に自分の好みの監督、ベルイマン、ヴァディム、トリュフォー、ジェルミ、メルヴィル、フェリーニ、ブニュエル、三隅《みすみ》研次、鈴木清順《せいじゅん》、川島雄三、加藤泰《たい》、溝口健二、成瀬巳喜男《みきお》、岡本喜八《きはち》、今村昌平などが定まってゆく。

新宿は私の学校だった。広い東京に出てきてただ一人。心細く押しつぶされそうになる日々を、自分の夢を途切れさせずに続けられたのは、新宿という場所に行くだけで刺激を得られたからだ。その日々は後にデザイナーになったとき自分の血肉になっていた。

新宿での四年間が過ぎて資生堂にデザイナーとして就職、私は新宿を離れ銀座に通う日々になる。

――ビールから替えた熱燗《あつかん》は三本目になった。肴にとった、イカ刺身・おくら・納豆・玉葱《たまねぎ》の〈イカおくら納豆〉は新宿的だ。すなわち、癖の強い素材をごちゃまぜに放り込んでかきまわし粘りを出す、と。長芋・おくら・納豆・うずら玉子の〈馬力和《あ》え〉も名物だ。

座敷のもう一枚のポスターは足立正生《まさお》監督の映画『幽閉者／テロリスト』（二〇〇七年）だ。学生当時、雑誌『映画芸術』『映画評論』を熟読していた私は、足立が日大在学中に映画研究会で撮った自主映画『鎖陰』（一九六三年）の評判を知り、その後、若松孝二の若松プロでピンク映画を量産しながら発表した『銀河系』（一九六七年）を新宿派の作品として観なければならないという認識はあった。しかし真に驚いたのはその後の七四年、足立は革命運動家に転身、重信《しげのぶ》房子率いる日本赤軍に合流して国際指名手配されたこと。消息を絶っていた九七年にレバノンで逮捕抑留のニュースで久々にその名を見たこと。二〇〇〇年、日本に強制送還されたことだ。もはや新宿文化などを超え、到底私などの手に負えるものではなかった。

ポスターにある出演者は田口トモロヲ、大久保鷹《たか》（状況劇場が懐かしい）、平岡正明、赤瀬川原平、瓜生《うりゆう》良介、流山児《りゆうざん》祥《じしよう》、若松孝二、松田政男、秋山祐徳太子《ゆうとくたいし》、加藤好弘《よしひろ》、瀬々敬久《ぜぜたかひさ》、渚《なぎさ》ようこ、荻野目慶子、四方田《よもた》犬彦という面々。これは六〇年代新宿前衛派の残党および、新・新宿派か。新宿はしぶとい。ようし、私は腰を上げた。

＊

靖国《やすくに》通りの大きな信号を歌舞伎町《かぶきちょう》に渡ると、斜め右に暗い通りが蛇行気味に奥に続く。ビルにはさまれた不気味な日陰はどうしてここに道があるのかわからず、やせ細った植木と石畳で風情を出そうとしているようだが公衆便所まわりの街灯は暗く、ただよう陰気な気配はオカマに声をかけられたらぴったりだ。大沢在昌《ありまさ》『新宿鮫《ざめ》』で刑事・鮫島はここで、台湾から来た殺し屋・毒猿の襲撃を目撃する。

〈「うおうっ」男が気合いのこもった息を吐いた。両腕の肘を曲げた状態で下にひきつけ、次の瞬間、右足の爪先で、目前の若い男の顎をしたたかに蹴りあげた。左足がまっすぐにのび、一本で傷ついた男の全体重を支えている〉

私は三十年以上も着古してくたびれたレインコートで来た。社会正義感は強いが、しばしば強引で上司からうとまれる下っ端刑事や新聞記者が、よれよれネクタイでひっかけるお決まりのスタイルは新宿にふさわしいだろう。通りの行く先はゴールデン街だ。バラック然としながら狷介《けんかい》に人を拒絶する酒場が軒を接して密集する一帯は、猥雑《わいざつ》な新宿にあって最も密度の濃い聖なる異界の様相だ。してみると今の陰気な道はここへの参道か。アーケード〈あかるい花園街〉に「あかるい」とわざわざ入れるのは明るくない証拠だ。

「深夜＋1」、通称「深プラ」のたてつけの悪いドアを押した。雑然たる店内はおよそ三坪、七人座ると窮屈なカウンターの面々がじろりとこちらを見る。身内だけの閉鎖的な酒場にいったいどんな奴《やつ》が来たんだという視線に耐えねば、ゴールデン街で酒は飲めない。

「太田さん、こっち」

中に立つ祐介が指した丸椅子を客が詰めて空けてくれた。奥の若いのと中高年男三人は編集者の雰囲気、連れた女二人もその業界のようだが知った顔はない。

「ソーダ割りですね」

「うん」

なみなみと注がれたウイスキーのソーダ割りを飲んだ。

銀座に就職した後に新宿に帰ってきたのは、二十年勤めた会社を辞めてからだ。四十代を少し過ぎていた。

あこがれて入社した資生堂のデザイナー生活は充実し、銀座にも慣れ、酒を飲むのはデザイナー仲間や広告業界の多い青山や西麻布《にしあざぶ》になっていた。仕事に不満はないが、組織から離れ一人で自由にやってみたい気持ちは、この年齢ならまだ一本立ちできると思わせた。会社を辞めると、毎日通った銀座ではない新たな「行く場所」が必要になり、自分の古巣は新宿だと自然に足が向いた。

それには新宿に根城をもっていた椎名誠さんの影響が大きい。椎名さんの本は最初期からの熱烈なファンで、資生堂時代に、ある仕事をきっかけに知り合ってすぐに池林房に連れられ、それからいくつもの出版記念会や、その二次会、打ち上げ、祝う会や忘年会などで常時足を運ぶ場所になった。そこにいる出版人やもの書きは、それまでのデザイン業界の感覚的気取り屋とはまったく違い、言葉や論理を武器に闊達《かったつ》にまた痛快に話し、酒を飲み、あの人とあの人は知り合いなんだとか、作家と編集者の激しい応酬も見て、自分は新たな世界に入りつつあると実感した。これは偶然だが、椎名さんもサラリーマン時代の会社は銀座、独立して新宿が拠点になった。私がそうなるのは自然だった。

「太田さん、これ」

祐介が渡した雑誌は日本冒険小説協会会報『鷲《わし》』VOL94・最終号だ。一九八〇年、日本冒険小説協会を設立して会長となったコメディアン・内藤陳《ちん》さんは、ゴールデン街にこの協会公認酒場を置き、自らカウンターに立った。

椎名さんの集まりにいた会長こと内藤さんは「ウチに飲みに来いよ」と私に声をかけてくれた。はるかなる昔、ゴールデン街は学生などの行けるところではなかったが、当時肩で風を切る大島渚と創造社一党をはじめ、中上健次、野坂昭如、田中小実昌《こみまさ》、佐藤重臣《しげちか》、斎藤龍鳳《りゅうほう》など文学や映画を中心とした無頼派新宿文化人が、夜な夜な派手な口論・喧嘩《けんか》を繰り広げる荒っぽい酒場街とは知っていた。

そこにようやく入れるところができた。協会員でもなく本も読まない身にはその方面の話題がないが「太田さんの本、読んでるよ」の言葉がうれしく、「内藤さん」では他人行儀、といって目上に「陳さん」とは言えない者に「会長」の呼称は都合よく、結社めいて心地よかった。

一人で顔を出すと必ずニヤリと笑い「太田さん、ここ」と席をつくってくれる。大沢在昌さんと二人で来たときは「妙なコンビだな」とやはりニヤリ。美人作家と、ひと芝居打ってやれと映画『俺たちに明日はない』のボニーとクライドよろしく、愛用のモデルガン片手にハンカチ覆面で襲撃をかけると、満面のニヤリを浮かべて両手を上げ、おもむろに「お若いの、脇が甘いよ」とつぶやき、ひるんだ隙にたちまち銃は奪われた。後日一人で行き「ギャングはやめたのかい」と言われ「足を洗った」と答えると呵々《かか》大笑、「まあ地道にやれや」と一杯注いでくれた。

食道ガンで入院した会長を激励すべく二〇一一年九月、七十五歳の誕生日、「冒協設立30周年記念／内藤陳会長大生誕祭」が新宿中村屋で開かれ、私も参加した。北方謙三、大沢在昌の両巨匠にはさまれた会長はやせていたが、ご機嫌で祝辞にヤジを飛ばし、さて病院に帰るかと車椅子に乗り拍手で送られ、その年の十二月、帰らぬ人となった。

翌年二月、偲《しの》ぶ会「献杯式ならびに帰天大宴会」が目白椿山荘《めじろちんざんそう》で開かれた。銃を構えた祭壇写真の前の、業務用エレベーターで運び上げたという段ボール百箱、それでもごく一部という蔵書が背より高い山をなす中に私の本も見え、胸が熱くなった。渡された会報最終号はその特集で、私のいる写真もある。三十年続いた日本冒険小説協会は潔く解散したが、公認酒場「深夜＋1」は続いている。

「なんか、今そこから会長が現れそうね」

ドア脇の女性のつぶやきに皆がうなずく。それは店内が何も変わっていないからだろう。ある取材で写された、カメラに向けて拳銃を構える私の横で会長が笑う写真は宝物だ。

カウンターの中に立つ祐介はここで働きながら役者を続けている。二〇〇八年十月、閉館間近の新宿コマ劇場の「新宿ゲバゲバリサイタル／渚ようこ　新宿コマ劇場公演」

に三上寛《かん》、山谷初男、横山剣などのくせ者ゲストにまじり会長が演じた本業「トリオ・ザ・パンチ」のコントで、彼は相方を務めた。出し物は『ガンマンの決闘』。

「あれは面白かったな」

「ぼくがどう出ても会長はニヤリと受け止めて、まさに決闘」

そのコントは絶品だった。

「最近何か出た？」

「去年は、釜石《かまいし》が舞台の映画『遺体　明日への十日間』ですかね」

この酒場は学生アルバイトが伝統で、先輩が後輩を誘う形で続いている。ノワール作家としてデビューした馳星周《はせせいしゅう》氏も学生時代にいた。東大出身の作家・西村健氏はカウンターには入らなかったが学生のころから常連で今も来る。祐介は明治学院大出身でここで最も長い。彼の幼なじみHは日大を出てフラメンコダンサーになり一緒にコントもやる。東京造形大のRは高崎でラーメン店を継いだ。東大のIは在学中に「東大をおもしろくする会」なるものをつくり、今は民放の政治部にいる。土曜だけ来ているKは慶應六年生で小説家志望。読んでくれと私に渡された創作原稿は会津《あいづ》の老人を描いた文学だった。早稲田の映画系も多く、卒業後映画界に入り森田芳光《よしみつ》、阪本順治、君塚良一などの助監督を務めた佐藤英明の初監督作品『これでいいのだ!!　映画★赤塚不二夫』

（二〇一〇年）は内藤陳映画出演遺作となった。佐藤氏の後輩で早稲田中退のSは助監督業で多忙をきわめている。Yは早稲田に六年いて今ロスに映画留学している。

「彼もそうです」と指さし、カウンター奥にいる若いのがぺこりと頭を下げた。早稲田大学演劇映像コースの二年のときからここでバイトして東映に入社したと聞き、私はひとひざ乗り出した。

「入社試験は何だった？」

エントリーシートや筆記が終わった第何次かの試験は、九十分・八百字の作文だった。与えられた共通題は「偽造」。

「へえ、何書いた？」

「老偽札職人に弟子入りする若者の話」

それは面白そうだ。数多い面接は「正直作戦」で通すことに決め、併せて東宝を受けていることも言った。そのころ祐介は、深プラに来た角川映画の人から「今年の映画会社の入社試験は盛り上がっている」と聞き、よく聞くと「それ、ウチの彼ですよ」となった。

試験はどちらも最終五次まで進んだ。東映の社長面接で好きな映画作品を挙げよと言われ「『バック・トゥ・ザ・フューチャー』と『七人の侍』」と答えると「ウチのじゃねえな、東宝だな」と言われた。東映内定となったが、彼は東宝も最後まで受けてみたかった。東映の最終健康診断日と東宝の最終社長面接日が重なることを恐れたが、はたしてそうなった。

「どうも東映と東宝で内通してたらしいです」

銀座の東映本社と日比谷の東宝本社は近い。健診を済ませて駆けつければ間に合うことを確認して東映に行くと「まあこっちに来い」と応接間に通され、人事課やら何やら来てよもやま話。アイウエオ順の健診は自分の番が来ても飛ばされ「もう行かないと東宝社長面接に間に合わないからやってくれ」と言うと「お前、いったいどうするつもりだ」と凄《すご》んで切り出された。

「そこで……全面降伏しました」

「ウワッハッハッハッハ……」

結局、東宝の社長面接には行かず（行けず）東映入社。同期は七人。東映と東宝では会社カラーはまったくちがう。彼の運命はここで分かれた。

卒論は祐介のアドバイスで興行成績を研究。タイトル「仁俠《にんきょう》映画の受容」。北海道、九州の炭鉱地にファンが多いことがわかり、それを書いた。

「そうだ、彼は太田さんに会ってますよ」

「?」

以前、浅草の映画館でやったトリオ・ザ・パンチで会長の相方を務めたのが祐介と彼で、このときは「牢獄《ろうごく》もの」。彼は看守ならぬ「燗酒」と書いた札を首から下げていたそうだ。終わって私と祐介は会長と飲みに行ったが、彼は店に戻ったとか。

私は彼がおおいに気に入った。新宿を根城に、やりたいことを見つけて突進してゆく若い奴は健在だ。もらった名刺の東映三角マークがうれしい。まだ二十八歳、今はいろんな部門を経験中だが、いずれはプロデューサーとして製作陣に入りたいと言う。作品が楽しみだ。

「ところで卒論の成績は?」

「多分〝可〟です」

「おお、上等だ」

三人はからからと笑った。

春・湯島

梅も散った晩春、どこかを歩いてみたい気分で湯島《ゆしま》にやってきた。

創業大正元（一九一二）年という湯島天神参道の鳥料理屋「鳥つね」の親子丼は、橙《だいだい》色鮮やかな玉子黄身、まだ透明な白身に緑の三つ葉がからまって美しく、〈鳥つねの親子は汁で喰《く》う〉の由緒どおりよく喉をすべり、さらさらと平らげた。

腹ができ、湯島天神の青い色の銅の大鳥居をくぐる。これは寛文七（一六六七）年のもので、卍《まんじ》くずし模様をほどこした丸柱の脚基には、小さな唐獅子《からじし》四体が四方を睨《にら》んで愛らしく、振り仰ぐ笠木《かさぎ》、額束《がくづか》にはともに梅の紋所がちりばめられている。脇の木板に墨筆の〈湯島神社由緒〉は〈湯島神社は湯島天満宮、湯島天神として全国津々浦々まで知られている〉と荘重に始まる。それよりも一歩入った脇の説明板がわかりやすい。

〈湯島神社は菅原道真《すがわらのみちざね》公を祀《まつ》ったもので湯島天満宮又は、湯島天神の名で有名です。菅公《かんこう》の徳は全国に浸潤し天神様と尊ばれ全国に祀られて、学問の神様として敬われています。伝えられるところでは文和４年（１３５５）湯島郷民の勧請に始まり文明10年（１４７８）太田道灌が修建したといわれています。

青松が茂る神境に野梅が盛んに香り風雅に富んだ所として古くから名を知られ、その後江戸幕府の朱印地になり、林道春《はやしどうしゅん》、新井白石《はくせき》等の多くの学者に文神とし崇《あが》められました。境内の梅は一時枯れましたが、現在では、地元民の篤志により、数百本の梅樹が植えられ、２月から３月に行われる梅まつりにはみごとな花と香りで参拝者、観賞者を楽しませています。また梅園の中には、満天下の子女の紅涙をしぼらせた「婦《おん》系図《な》」のゆかりの地として里見弴《とん》外16名の文筆家ら旧知関係者によって昭和17年（１９４２）９月７日に泉 鏡花《きょうか》の筆塚が設立されました〉

＊

一九六四年、十八歳になったばかりの私は信州の田舎《いなか》から上京して東京での生活を始めた。上京者はまず新宿や銀座の繁華街にあこがれる。大学時代は新宿、その後の会社勤めは銀座と、東京にも慣れたと思い始めたころにたまたま行った湯島は、新宿や銀座とは違う明治の東京を感じ、東京に深入りしてゆく気持ちをおこさせた。

湯島通れば想《おも》い出す　お蔦主税《つたちから》の心意気
知るや白梅玉垣に　残る二人の影法師
忘れられよか筒井筒　岸の柳の縁むすび
かたい契りを義理ゆえに　水に流すも江戸育ち
青い瓦斯燈《ガスとう》境内を　出れば本郷《ほんごう》切通し
あかぬ別れの中空に　鐘は墨絵の上野山

名曲『湯島の白梅（婦系図の歌）』は昭和十七年に発表され、まだ幼い歌声の藤原亮子に粛々とつきあう小畑実《おばたみのる》はクルーナーとしての美声をこの曲で認められ、大歌手への糸口となる。

そして佐伯《さえき》孝夫の歌詞。「筒井筒、縁むすび、義理ゆえに、江戸育ち、瓦斯燈、本郷切通し、鐘は墨絵の上野山」。泉鏡花の名作『婦系図』をもとに明治の東京をくっきりと描いて湯島の情緒を決定づけた。私が初めて来たときもこの歌を重ね、その通りの世界があった。

境内すぐ左の休憩所に上がる大額〈平成八年丙子年五月御社殿落慶記念〉は東京火消し組一党にまじり、水谷八重子、波乃《なみの》久里子、菅原謙次、安井昌二、英《はなぶさ》太郎、梅若六郎、朝丘雪路、藤間《ふじま》勘十郎、新内《しんない》仲三郎、そして劇団新派の名札がならぶ。

新派の当たり狂言『婦系図』最大の名場面が、若い研究者・早瀬主税《ちから》が柳橋の芸者・お蔦に別れ話を切り出す「湯島境内」の場だ。原作『婦系図』には、作者・鏡花自身が師の尾崎紅葉《こうよう》に、神楽坂《かぐらざか》芸者・桃太郎との仲を「女を捨てるか、師を捨てるか」と迫られ、泣く泣く離別したことが反映されている。しかし紅葉の没後二人は添いとげ、互いの名を彫った腕輪を終生離さなかった。また紅葉を師と仰いで崇拝することも生涯変わらなかった。

境内の場は新聞小説の原作にはなかったが、新派の名優・喜多村緑郎《ろくろう》の発案で初演の際に書き加えられた。新派も歌舞伎も公演前の参拝は恒例、中でも花柳《はなやぎ》章太郎は湯島に暮らし、湯島小学校に通っていたという。

五度の映画化のうち三本を観た。主税・お蔦の配役は、一九四二年（監督・マキノ正博）の長谷川一夫は時代物の、山田五十鈴《いすず》は明治芸者の風格。五五年（監督・衣笠貞之《きぬがさていの》助《すけ》）の鶴田浩二は優男、山本富士子は艶麗。六二年（監督・三隅研次）の市川雷蔵は端正、万里《ばんり》昌代は凜然《りんぜん》。いずれも境内のシーンには丹精を込めていた。

休憩所の天井には古い額が金網で保護されて残る。真ん中に能面の翁《おきな》をはめ、神歌・賀茂・三輪・羽衣・通《かよい》小町・高砂《たかさご》と列挙した奉納額は〈昭和廿九年九月　第百回記念研謡睦會〉。大きな算盤《そろばん》をはめた〈そろばん上達祈願　全国珠算連盟 東京都支部〉もある。

外の大石碑〈料理庖丁道《ほうちょう》　研鑽《けんさん》報徳之碑　労働大臣石田博英書〉は、いわく〈料理庖丁道は、永い歳月にわたり苦難の道を先人によって鍛え磨かれてきた伝統の精華が礎《いしずえ》となり偉大な遺産として今日の発展を支えている　この料理庖丁道の深奥を（……）〉。大時代な文は料理屋の多い湯島にふさわしい。その横の〈筆塚〉は〈頭山満書〉と読め、裏面は知らない名がならぶ。頭山満《とうやまみつる》は戦前右翼の大物だ。

境内にはいろんな碑が建つ。ふだんは流し見るだけの碑文を今日はじっくり読んで、江戸～東京を探ってみよう。どうせひまだ。

〈菅家遺戒碑〉は〈凡神國一世無窮之玄妙者不可敢而窺知雖學漢土三代周孔之 聖經革命之國風深可加思慮也……〉とわかるような、まるでわからないような。菅公の精神を伝える国学者・大國隆正《おおくにたかまさ》の筆という。

高さおよそ四メートルとひときわ高い〈菅公一千年祭碑〉は〈勅選議員文科大學教授正四位勲三等文學博士重野安繹撰　正三位勲三等麝香間祇候侯爵前田利嗣篆額〉と漢字の羅列がいかめしい明治三十三（一九〇〇）年のものだ。明治の書家・日下部東作《くさかべとうさく》（鳴鶴）の筆による漢文碑は壮大だ。

嘉永《かえい》三（一八五〇）年の小さな石柱〈奇縁氷人石〉は、右側面に〈たつぬるかた〉、左に〈をしふるかた〉と刻まれ、これに貼り紙して迷子しるべに、また縁結びの役も果たしたという。梅園の泉水脇は、里見弴・久保田万太郎らによる〈泉鏡花　筆塚〉が建つ。裏面〈鏡花生前愛用せしところの筆墨をうずめの石を建てて之を表す　昭和十七年九月七日〉。鏡花らしい清潔な碑だ。

石灯籠風の〈小唄顕彰碑〉は、葵てる葉・菸真佐江・柏貞子・山口古う・藤浪ゆき・春日とよ福・とよ玉と、それらしき方が顕彰され、被顕彰者銓衡委員筆頭は画家・伊東深水。建立は昭和三十四年だが、平成二十四年も追刻され、今も続いているようだ。

＊

五月も間近の今、梅はすっかり葉が茂り小さな実もついてきた。おだやかな午後の昼下がり。若いお母さんが赤ちゃんを揺すり抱きながらゆっくり散歩する。外回りらしい会社員と地味な服装の女性が、梅園まわりのベンチは老人夫婦にゆずって低い石柵に座り、上着を脱いで話す。ここは都会の小さなオアシスだ。

境内と界隈《かいわい》は江戸期に有数の盛り場となり、宮芝居、植木市、楊弓場《ようきゅうば》、富突《とみつき》（宝くじ）、売薬香具師《やし》見世、文政七（一八二四）年正月には大相撲本場所も開かれた。明治になっても、旧暦七月二十六日夜の拝月は多くの老若男女で雑踏したという。月見に人が集まるとは風流だ。その残映をかすかに感じる。

境内に入るには、いま来たお茶の水からの参道のほか、男坂、女坂、夫婦《めおと》坂の三方がある。急段の男坂、ゆるやかな女坂は頂上で出会い、夫婦坂から外に出る。その出会いに建つ〈新派碑〉は、新派劇創立九十年の昭和五十二年、松竹と先代水谷八重子が新橋演舞場玄関脇に建てた碑を演舞場改築にともないここに移設したとあり、題字は作家・川口松太郎。ここにはもともと花柳章太郎献樹の梅があり、奇《く》しくも並んだ。

でんと構える〈講談高座発祥の地〉碑は題字・橘左近《たちばなさこん》。

〈江戸時代中期までの講談は　町の辻々《つじつじ》に立っての辻講釈や　粗末な小屋で聴衆と同じ高さで演じられていた　文化四（一八〇七）年湯島天満宮の境内に住み　そこを席場としていた講談高座師伊東燕晋《えんしん》が　家康公の偉業を読むにあたり　庶民と同じ高さでは恐れ多いことを理由に高さ三尺　一間《けん》四面の高座常設を北町奉行小田切土佐守に願い出て許された　これが高座の始まりであり　当宮の境内こそ我が国伝統話芸　講談高座発祥の地である　平成十七年十一月吉日　六代目　一龍齋貞水　建立〉

〈文房至宝碑〉というものもあり、〈文房四宝・紙筆墨硯《しひっぼくけん》を讃《たた》え学問の神・湯島天神の地に建てた（……）平成元年　文具資料館〉とある。

講談高座、文房四宝の碑は湯島にふさわしい。

境内にもはや空き地はないと見たか、夫婦坂手前にも一基〈都《ど》々《ど》逸《いつ》之碑〉が建つ。

いわく――

〈都々逸は日本語の優雅さ言葉の綾《あや》言回しの妙などを巧みに用いて人生の機微を二十六字で綴《つづ》る大衆の詩である古くより黒岩涙香《るいこう》平山蘆江《ろこう》長谷川伸《しん》らの先覚者により普及しわれわれとその流れの中で研鑽を重ねて来た短歌俳句と並ぶ三大詩型の伝統を守り更なる向上と発展を願い各吟社協賛の下詩歌の神の在《おわ》すこの地に碑を建立する　平成二十年十二月吉日　世話人　谷口安閑坊　吉住義之助〉として〈東京しぐれ吟社　愛知千鳥吟社　京都おむろ吟社　東京老友新聞社〉などの名が並ぶ。都々逸もたいへんなものだ。

男坂上には鉄製のガス灯も立つ。

〈青白いガス灯、清らかな白梅「お蔦、何も言わずに俺と別れてくれ」「切れるの別れるのって、そんなことは……」これは、有名な新派『婦系図』の湯島天神の場である。この境内には、もとガス灯が五基あったが、そのうち形だけ残っていた男坂上の最後の一基は、昭和四十年頃撤去された。（……）ガス灯は、文明開化のシンボルで、明治の時代を象徴するものであった。今、ここに、東京ガス株式会社の協力を得て（……）〉

これらは新しいが、その裏の忘れられたような碑は古風だ。流麗な筆字で〈額堂新築

神楽殿築造　本社建築　玉垣改造　男坂修繕〉と列挙、下に〈明治二十五年八月着手同年十月落成〉などの日付、〈氏子総町地主差配及有志者〉の名を刻み、〈以為萬世之紀念〉と結ぶ。明治二十二（一八八九）年、宮司の要望に応えた有志が神社の様々な改修を終えた記念碑だ。末尾に小さい〈石工　駒込肴町　酒井八右ヱ門〉がいい。

菅公顕彰はともかく、様々な結社団体が存在を主張する中で、境内で最も古いと思われる、近隣有志が神社改修に力を尽くしたことを記すだけのこの碑は純粋だ。私の明治の湯島をさがす願望は満たされた。碑の解読はもう終えて、本殿に手を合わせよう。

ぱんぱん、一礼。

本殿まわりは祈願絵馬が掛け台に小山をなしている。四月の今は合格御礼が多い。

〈早稲田大学　無事に受かりました。ありがとうございました。ありがとうございました〉

〈都立杉並高校に合格することが出来ました。ありがとうございました〉

〈千葉大学合格　人のためになる医師をめざします〉は後段の一言がいい。

〈中学校に行ったら勉強を沢山頑張って頭が良くなりますように。自分のやりたい事と勉強を両立できますように。絵が上手になりますように。お姉ちゃんが行きたい高校に行けますように〉姉思いで難しい漢字もきちんと書けている、きっと賢い子だ。

〈平成26年度入試、東京大学にうかる。お前なら絶対合格する！　大丈夫!!　ねーさんより／ザセツがあっても必ず乗り越える、それが私！　必ずうかってまた来ます！ぴーちゃん〉は姉妹で来たようだ。東大志願の絵馬はとても多く、そういえば東大はすぐ近い。学問の神様・藤原道真を祀る湯島天神は合格祈願の総本山といえよう。

境内には修学旅行中らしいセーラー服に運動靴、リュックを背負った女子高校生のグループも多い。

〈祈願　岩手県釜石市立〇〇中学校　3年A組生徒26名の高校進学〉

〈〇〇高等学校三年七組　生徒四十名が無事大学入試を終え、笑顔で卒業できました。ありがとうございました。彼達の今後が幸多きものでありますように〉

〈〇〇一中　3年1組　クラス全員、自分の力を発揮して合格できますように。そして笑顔で卒業式を迎えられますように。担任より愛を込めて〉として、絵馬を一周して生徒三十七人の名前を正確に書く。生徒の合格祈願に来る先生の姿。

また一枚。〈私の主人が、明るく元気に暮らせる仕事が出来る様になりますように。一日も早く、心から笑えますように。出来ることなら、元の職場にどんな形でも良いので戻れますように。どうか心よりお願い致します〉

——祈る心は尊い。春の日によいものを見て、心が清々《すがすが》しくなった。

＊

男坂を下って左、黒塗り板張り二階建ての古美術商「はぐろ洞」の先が、大正十四年創業の居酒屋「シンスケ」だ。黒格子に杉玉、木賊垣《とくさがき》の蹲踞《つくばい》、長い縄暖簾《なわのれん》。頭には手拭い細巻き、縞《しま》のハッピに清酒両関《りようぜき》の前掛け、つっかけ草履の三代目主人が打ち水している。

「こんちは」

「あ、太田さん、どうも」

「梅も終わったね」

「そーうですね、今週は上野の桜、ま、どうぞ」

店には湯島天神祠が上がり、菰樽《こもだる》が二段重ねに三つ鎮座。並ぶ白徳利は布巾がかけられ、余計な飾り物が一切ないすっきりした江戸＝東京の美学が一本筋を通す。初めてここに来たのは四十年ほども前、資生堂の若手社員だったときで、生粋の東京を見た気持ちがした。

それは店内だけではなく常連客のたたずまいにも感じた。大声、泥酔は御法度だが、と言っておとなしく飲んでいるだけではない。話題は相撲と落語。力士よりも土俵呼び出しの声を品評し、噺家《はなしか》批評も辛口の愛情でうんちくと皮肉、最後は笑いでまとめる。常連は混んでくるとさっと帰り、翌日また来る。近くの東大、藝大の先生から職人まで、誰もがシンスケの気《き》っ風《ぷ》を愛し、守り、そこの客であることを自負する。つまりは野暮を嫌い、粋を尊ぶ東京人気質を知った。そうして通い続け、私もカウンター席に座れるようになった。

ツイー……。

春の燗酒《かんざけ》ほどうまいものはない。肴《さかな》は〈ねぎぬた〉だ。どっしりした重みをもつ青葱《あおねぎ》と味噌《みそ》だけの一品は、春の季語「春泥」を思い出させる。今日は主人に聞いてみたいことがある。

「湯島のふ多川《たがわ》って店、知ってる？」

「ほほう」

主人は莞爾《かんじ》として笑った。主人が開成高校生のときS先生が校章「ペンと剣」にちなみ「ぺんけん寄席《よせ》」を創設。学校の階段教室やときには上野鈴本《すずもと》でも生徒を集めて落語研究会を開き、売れない噺家だった卒業生の柳亭芝楽《りゅうていしばらく》（十代目）を応援しようと招いた。その高座の後、シンスケ主人は芝楽師匠に誘われて小料理屋「ふ多川」に行った。

「へえ、飲んだの？」

「いや、まだ学生でしたから、そこはそれ」

平成七年に亡くなった十代目芝楽は、噺よりも「二人羽織」や「助六」などの「あやつり」芸がうまく、寄席の席亭から「あいつにはしゃべらせるな、芸をさせろ」と言われ、その西川流の踊りは惚《ほ》れ惚《ぼ》れするほどだった。

「ふ多川の九十歳になる大女将《おおおかみ》は、芝楽に踊りを教わったそうです」

私はかつて勤めていた資生堂の女子社員の方からふ多川を奨《すす》められていた。その方は娘さんに踊りを習わせようと浅草「弁天山美家古寿司《べんてんやまみやこずし》」の主人に相談し、「ふ多川」の女将を紹介してもらったのが縁だそうだ。

シンスケの主人に場所を教わった「ふ多川」は、三組坂下の小さな木戸をくぐる酒亭で、京壁に網代《あじろ》天井、古竹柱の数寄屋造り。カウンターの中は畳敷きで、粋な縞柄着物がきまる女将が正座する。シンスケから聞いて来たと言うと「あら、矢部さんね」と微《ほほ》笑《え》む艶っぽい仕草が板につく。手さばきのきれいなお酌をいただき、芝楽の話に。

女将の母の大女将は「金太郎」名の元芸者で、芝楽がまだ春風亭小柳《こりゅう》を名乗っていた金のないころに一家の面倒を見てやり、自分は踊りを教わった。大女将は、シンスケ常連で近所の「岩崎の殿様（三菱の創始者・岩崎家末裔《まつえい》）」と気が合い、よく酌み交わした。今も一日一合のお酒をいただくほどお元気で、今日は休みだが一日おきくらいにここに出るそうだ。

浅草生まれの今の女将も中学を出てすぐ二代目金太郎の名で芸者となり、ある日料亭「はなや」の座敷に上がった。

「ところがそのお座敷は、私の小学校の元校長やＰＴＡ会長だったのよ」

すぐ下に降り「帰らせてください」と言うと「ばれるまで座ってろ」と再び上がらされた。

「へえ、それでどうした？」

校長以下、誰も気づかなかったが、自分の踊りの発表会に来てくれていた家庭科の女先生が、踊りの白塗りを見ていたせいか「あなた、二川《ふたがわ》さんでしょ」と小声をかけてきた。「十三年芸者をやったけど、一番忘れられないこと」と笑う。今カウンター奥に座る男性は中学校の同級生だそうで「レイコにミツコ、あともう一人きれいな子は誰だったかな。あのクラスは三人芸者になった」と懐かしむ。親の芸者を継ぐ子が多く、中学生なのに年齢をごまかして座敷に出て万世橋《まんせいばし》警察署に補導されると、「龍角散」の社長が粋な人で、いつももらい受けに来てくれたという。

女将が「いいものがある」と出してきた写真に目が釘付《くぎづ》けになった。近くの鰻《うなぎ》の老舗《しにせ》「神田川本店」に、ある日高座を終えた師匠連が集まったときのもので、真ん中に古今《ここん》亭《てい》志《し》ん生《しょう》、右に長男・金原亭馬生《きんげんていばしょう》、左に次男・古今亭志ん朝《しちょう》、その隣に桂文楽《かつらぶんらく》、後ろに弟子たち。志ん朝はまだ芸者が手を出してはいけないような若い青年、さっぱりといい男の馬生は後ろの美人芸者に肩に手を置かれ、文楽は年増芸者が背にすがる。

そして満面に笑みをたたえた志ん生の後ろに艶然と腰立ちする、いま目の前にいる二代目金太郎は当時十七歳、怖いもの知らずの生娘のうら若き美しさ！

湯島の春の宵。私はしばしし写真から目を離せなかった。

夏・銀座

夏、地下鉄銀座駅に降りるとメロディーが流れた。

あの娘可愛《かわい》や　カンカン娘
赤いブラウス　サンダルはいて
誰を待つやら　銀座の街角
時計ながめて　そわそわにやにや
これが銀座の　カンカン娘

ヒット曲『銀座カンカン娘』は作詞・佐伯孝夫、作曲・服部良一、歌・高峰秀子、発売一九四九年。同名映画の主題歌で、脚本の山本嘉次郎《かじろう》は「曲に合わせて脚本を書くから、何でもいいから作ってよ」と先に曲を注文した。できた映画は、画家志望で金のない高峰が同じ下宿居候の笠置シヅ子、売れない作曲家・岸井明と組み、三人でこの曲を歌って銀座を流すと人気が出て、というパターン。ツナギの胸当てズボンで軽くステップを踏みながら歌う高峰は、アイドルからもう少し成長した娘の輝きを見せ始め、まぶしく美しい。

階段を上ると四丁目の交差点だ。高峰も見上げた銀座のシンボル、和光《わこう》の時計塔は夕方を前にした三時半。梅雨もあけた真夏日の陽射《ひざ》しは強く、女性の華やかな日傘が行き交う。

ＡＢＣ・ＸＹＺ　これは俺らの口癖さ
今夜も刺激が　欲しくって
メトロを降りて　階段昇りゃ
霧にうず巻く　まぶしいネオン
いかすじゃないか　西銀座駅前

作詞・佐伯孝夫、作曲・吉田正、発売一九五八年。歌手・フランク永井は低音を利かせた都会調の『有楽町《ゆうらくちょう》で逢《あ》いましょう』が大ヒットした翌年、この『西銀座駅前』を発表。同年、日活で今村昌平監督により映画化された。第一作『盗まれた欲情』で注目された今村昌平は、第二作の企画を通す条件として、このSP（一時間弱の添え物シヨートピクチャー）の歌謡映画を一本撮れと言われた。今村ファンの私は、めったに上映されないこの作品を一九八八年に高田馬場《たかだのばば》のミニシアターで見た。「ここは東京銀座……」とフランク永井のディスクジョッキーで始まる物語は安直ながら、弱い男と強い女、南方志向など今村の好みが出ている。

『銀座カンカン娘』一九四九年。『西銀座駅前』一九五八年。私の銀座資生堂入社一九六八年。そこから四十六年過ぎた今は二〇一四年の夏。その銀座を歩いてみよう。

和光を右に見て数寄屋橋《すきやばし》へ。不二家、交番、ソニービルを角にした大交差点の、あと一つの角は阪急デパートのあったビルの建て替え中で広大な空き地だ。開いた空の向こうに泰明《たいめい》小学校が見えるのは今だけの眺めかもしれない。もっと昔のここは戦前のクラシックなマツダビルだった。引き返した銀座通りの六丁目も松坂屋の建て替え中でぽっかり巨大な空間が空く。数寄屋橋と銀座通りに一ブロックまるまるの空き地ができている。銀座は変わりつつある。

並木《なみき》通りは銀座で最も洗練された通りだが、戦前の装飾を豊かに残すビルとしては銀座で最後と思われた秀吉ビルもついになくなり、今は更地だ。その向かい角、今はシャネルの入るビルは、かつて最先端の服を着せたマネキンの立つファッションビルで、三島由紀夫などもよく来たという二階の喫茶店、スタンダール『赤と黒』の主人公の名を採った「ジュリアン・ソレル」は、私の就職した資生堂宣伝部のデザイナーの昼のたまり場でもあった。ガラス張りの中のらせん階段を上ってゆくのは見栄を満足させ、下の十字路は、創刊したばかりの若者向け週刊誌『平凡パンチ』の表紙イラストになった「みゆき族」がたむろしていた。

その先の、つるりとした黒御影石の外壁が戦後モダニズムの洗練を見せる大きな朝日ビルも建て替えが決まり閉鎖中だ。明治時代ここに朝日新聞社があり、一時期勤めていた石川啄木《たくぼく》の歌碑が建つ。一階の輸入雑貨「サンモトヤマ」は銀座の高級ショップの象徴で、通りに面した大きなウインドウの前衛的ディスプレイは刺激的だった。地下の理髪店「米倉《よねくら》」は後に高級店と知ったが、知らずに何度か入った。やがてここも穴の空いた風景になるのか。

その先が資生堂本社だ。私が入社した一九六八年は新本社ビルが落成したばかりだったが、宣伝部は入れてもらえず隣のビル、その後は本社裏の賃貸ビルに入れられ、本社ビルには用のあるときしか行くことはなく、身なり自由、というか身なり怪しいデザイナーは玄関ではなく裏の守衛口から入るように言われた。私はそこで二十三歳から四十三歳の二十年を過ごした。

その本社ビルも昨年建て替えられて新しくなった。お披露目内覧会に呼ばれて行ったが、何も思い出のないビルにはまったく愛着がわかず、私の資生堂はすべて過去となったことを実感させられた。私の知る銀座はなくなってゆく。

＊

江戸時代に能楽金春《こんぱる》流の家元屋敷があり、その名がついた八丁目の細路地・金春小路は最後の銀座路地かもしれない。東脇の「金春湯」は一丁目の「銀座湯」と並ぶ、銀座で二軒になった銭湯だ。

資生堂時代は残業が続き、千駄ヶ谷《せんだがや》の風呂なしアパートに帰っても銭湯は閉まっているので、よく勤務中の夕方に金春湯に入りに行った。仕事前の板前などで混み、女湯もそうらしかった。玄関外に置かれたベンチで体を休め、花街だったころの金春芸者の名残かもしれないなまめかしい湯上がりのお姐《ねえ》さんをたくさん見た。その足で並木通りのおでん屋「お多幸《たこう》」でおでん定食を食べ、またデザイン机にもどった。久しぶりに金春湯をのぞいてみたがベンチは昔のまま、午後二時の開湯は他所《よそ》の銭湯より少し早いかもしれない。その金春小路の真ん中に「宣伝部の台所」と言われた居酒屋「樽平《たるへい》」がある。

「こんちは」

「いらっしゃいませ」

若い店長は何代目だろうか。たまに来る私の顔は知っているようだ。連日のように通ったころは挨拶もなく入り、当時の店長はまったくいつものこととして向こうも挨拶抜き、「あと何人？」とすぐ聞いた。新入社員の私は夕方になると「先に行って席とっとけ」と言われ、定時退社前に出かけた。初めは神妙に待っていたが、そのうち図々《ずうずう》しくビールなど飲んで待ち、やってきた先輩に「すみませんお先に」と言うと「おう」と鷹《おう》揚《よう》に応じてくれた。

「ビール、それと……」

「樽平」は山形樽平酒造の直営店で、このあたりは戦災にあっておらず木造建物は戦前のもの。少し傾いた二階座敷で歓送迎会や課の飲み会をよくやった。酒は「樽平」と〝日本一辛口〟をうたう「住吉《すみよし》」の二種。肴《さかな》は山形名物の〈玉こんにゃく〉や〈なめこ豆腐〉〈とんぶりとろろ〉〈小茄子《こなす》漬〉〈晩菊漬〉など渋いもの。〈蛸《たこ》ぶつ〉はよく頼み、冬は〈ひげ鱈《たら》鍋〉が人気だった。

カウンターと長卓に二人用の小卓が二つばかりの小さな店の一番奥の狭い四人卓が我々の定席。五人になれば隣の椅子を持ってきた。話は仕事のことばかり。「今日の会議のあれは適当」「あの部署のあの人は元は……」など、社外ならではの本音は酒が入ればこそ。それまでの学生の青くさい話とはちがう大人の会話とはなんと面白いものかと聞き入り、笑い、ときに「お前はどう思う」と聞かれれば熱心に答えた。

小卓に座り、かつて自分が座り続けた椅子をじっと眺めた。銀座に勤めた二十年、会社の自席以外ではまちがいなく一番座った椅子だ。そこで見ていた七時のテレビニュースで石原裕次郎の死を知り、一緒に飲んでいたコピーライターは「今夜は一晩中、裕次郎を歌う」と出てゆき、その夜の銀座は至る所そうだったらしい。

裕次郎に一番似合うのは横浜だが、銀座ももちろん合う。中平康《なかひらこう》監督のライトコメディ『あした晴れるか』(一九六〇年)ではカメラマンに扮《ふん》し、「東京探検」というテーマで生意気な才女・芦川《あしかわ》いづみに顎で使われ、二人してこの金春小路を駆け抜ける場面があった。

心の底まで　しびれる様な
吐息が切ない　囁《ささや》きだから
泪《なみだ》が思わず　湧いてきて
泣きたくなるのさ　この俺も

東京で一つ　銀座で一つ
若い二人が　始めて逢った
真実《ほんと》の恋の物語り

作詞・大高ひさを、作曲・鏑木創《かぶらぎはじめ》、ご存じデュエットソング『銀座の恋の物語』は、一九六二年、蔵原惟繕監督で映画化。新進画家に扮した裕次郎が恋人・浅丘ルリ子と夜の銀座裏を歩く俯瞰《ふかん》のロケショットは会社の近くだった。屋上の物干し台でトランペットを吹くジェリー藤尾を見上げて立ち止まった二人はにっこりし、そこから華やかな夜の銀座通りを歩くシーンに、この歌がルリ子との掛け合いで流れる。シーンの最後は夜七時を指す和光の時計塔で、場面転換の常套《じょうとう》カットになった。

銀座は映画にしばしば描かれ、あの撮影はあの場所と特定するのが面白くなった。鈴木英夫監督の名作『その場所に女ありて』（一九六二年）は七丁目の広告代理店を舞台に、司《つかさ》葉子が怜悧《れいり》な企画部員を演じて絶品。競合代理店の敏腕営業マン・宝田明もはまり役。何かの賞をとった若いデザイナー・山崎努《つとむ》が「ぼくは広告に自分を表現してもいいと思うんだ」とうぬぼれるのを、私はひやりとする気持ちで見た。

銀座映画に必ず登場するのが高級バーだ。マダムを囲む常連客に中村伸郎《のぶお》がいれば育ちのよい役員、清水将夫《まさお》がいれば才のきく腹黒い重役、小沢栄太郎がいれば小悪党。そんな虚栄のボックス席をカウンターから冷ややかに見つめる若い男というのが私の気に入りで、成瀬巳喜男監督の『女が階段を上る時』（一九六〇年）で、高級バーの雇われマダムなどやめたいと思っている高峰秀子をじっと見つめる仲代達矢はよかった。

しかし、銀座が最も似合う俳優は森雅之にとどめをさす。ダンディで知的で皮肉屋の、りゅうとした紳士。バーでホステスに囲まれて、

「君は新人だね、故郷《くに》はどこ？」

「〇〇です、私まだ銀座に慣れてないんです」

「ハハハ、そう固くなることはないさ、ぼくに水割り作ってくれないか」

「ハイ！」

「まぁセンセイ、早速目をつけたのね」

「いや、そういう訳じゃないよ」

この調子。名作『浮雲』や『雨月物語』で強靭《きょうじん》な演技力を見せた森は風俗映画に出るのも好きで、その姿にあこがれた。

＊

ビールから替えた冷酒がうまい。肴は山形の〈だだちゃ豆〉。夏のまだ浅い時間、客は背中を見せてカウンターに座るカップルだけだ。

昔の定席をまた見た。自分の若い日の二十年がそこに座っているような気がする。信州の山奥から出てきた自分が、まさか花の銀座の会社に勤めるとは思わなかった。

二カ月の販売会社実習を終え、本社宣伝部出勤となった初日、配属された課の課長や先輩が昼食に誘ってくれた。その年のデザイナー入社は私一人で、どんな奴《やつ》かと興味をもたれていた。連れられたのは資生堂パーラーだ。食うや食わずの学生時代とまるでちがう、白いテーブルクロスに金縁の皿、銀のスプーンで食べるオムライスの味にこれが銀座かと思った。終えると「太田君はコーヒー？　紅茶？」と聞かれた。コーヒーカップには金色の花椿《はなつばき》マークがあった。

入社式では社歌が歌われた。

あしたの空には雲もにおい
夢さえつやめく小夜のしらべ
ましてや野山の花の色香
清きを高きを尋ねゆきて

われらがこめたる露のしずく
玉なすはだえに沁まんときぞ
あかるきひとみはかがやきそう

作詞・土岐善麿《ときぜんまろ》、作曲・橋本國彦《くにひこ》、一九四六年制定のこの社歌は流麗なワルツテンポ。戦後の新しい出発（まさに私が生まれた年）を〈夢さえつやめく小夜のしらべ〉と「美の創造」に託した詞は、硬直した大言壮語調の社歌や校歌などとはまったくちがう優雅な調べだ。特に三番最終節は人気があった。

煉瓦《れんが》地柳のゆかりふかく
銀座のさかえをここに占めて
誰かは知らざる資生資生
資生のよきなを名にしおえば
われらがねがいはまさにひとつ
新たにひらくる時のすがた
こころもひとしくうつくしかれ

社歌などというものはあまり憶《おぼ》えられない形式的なものだろうと思っていた私は、男社員も女社員も、この歌が好きでたまらないというように朗々と声を張って歌う姿に心うたれた。今でもすらすらと歌える。

そしてここは女の会社だ、女性的思考が優先するところだと知った。グラフィックデザイナーとしてあこがれて入社したが、化粧品を売る会社とはあまり自覚していなかったのだ。本社に女性社員はもちろん多く、美人ばかりで化粧もしっかりなら、女性の美徳もまたしっかりという気風に満ちていた。私は感化された。下世話に言えば、女と争ってよいことは一つもない、女の言う通りにしておけば大体まちがいはない、第一、女に親切にされるのはうれしい――。

酒も三本目になり、考えることも妙な方向になってゆく。

では銀座はどうだろう。

念願の入社がかなった私は、朝の出社はともかく、夜は毎晩最後まで残り、帰った先輩デザイナーたちの机を見て昨日と変わったところを学んだ。鬱屈《うっくつ》した大学時代とちがい、この場所で芽が出なければ自分の未来はないと覚悟を決め、一心不乱にデザインに取り組む日々が続いた。

資生堂のある七丁目は銀座でも最もバーやクラブの密集する場所だ。夕方になればリヤカーの氷屋が大鋸《おおのこ》でしゃしゃしゃと氷柱を切り、アラヨッと店に届ける。白衣に下駄《げた》の若いのがメモを手に買い物に走り、花屋が盛大な祝い花を届け、そのうち美容室から出てきた着物のお姐さんが小走りに店に急ぎ、磯辺《いそべ》焼きなどの屋台が支度を始める。

そんな光景を七階にあるデザイン室の窓から毎晩ながめた。もちろんクラブや高級バーは安月給サラリーマンには縁がなく「あれは成金のお上りさんが行く所、我々地元民は路地の居酒屋さ」と先輩はうそぶいた。

隣の新橋はサラリーマン向けの酒場地帯だが、我々は銀座から一歩も出ることはなかった。銀座に居酒屋は少ないが、夜の仕事の人が早夕飯や一息入れる、あるいはホステスとなじみの旦那が同伴する小さな店が路地奥に隠れるようにあった。共通するのは家庭料理。我々はそこで飲み、黒上着を脱いだ白シャツ蝶《ちょう》ネクタイの男が煙草《たばこ》をふかし、着物のマダムがビール小瓶を空けてご出勤するのを間近に見た。クラブのボーイがおにぎり十人前を取りにきていた。

懐かしいな、久しぶりに夜の銀座を流してみるか。

＊

楡《にれ》、向日葵《ひまわり》、酔芙蓉《すいふよう》、あさ乃、ビビアン、オルフェ、銀座村、真由美、むぎ子、茜《あかね》、美美、花梨《かりん》、麻衣夢、螢《ほたる》、じゅじゅ、京美、クラブアイ、東京会議、狐夢《こむ》、ゆり、有情、クラブれもん、空飛ぶきつね……。六〜八丁目はバーやクラブのビルが密集して電飾袖看板が林立し、あでやかな着物、腰までスリットの入ったドレスの美女に立ち止まって見とれる。夜の蝶は健在だ。酒盃《しゆはい》を手にした裸のバッカスに裸女がからむ大レリーフをいくつも貼り付けたビル地下のクラブ「数寄屋橋」や、並木通りの「ピロポ」「ザボン」などは文壇バーとして有名で、後年私も作家のお供で入ったこともあったが、先生はともかくこちらはまったく相手にされなかった。

銀座といえば夜の世界。作家や文化人が有名クラブに通い、「おそめ」の上羽秀《うえばひで》、「エスポワール」の川辺るみ子は人気を二分し、山本富士子と京マチ子で『夜の蝶』（一九五七年／監督：吉村公三郎）として映画化され話題を呼んだ。

文人と銀座は縁が深く、多くの文人と交流深い骨董鑑定家・青山二郎が出資した銀座のバー「ウインゾア」にいた坂本睦子《むつこ》は、坂口安吾と中原中也《ちゆうや》に争われて坂口の愛人となり、小林秀雄に求婚されていったんは了承したが一方的に破棄してオリンピック選手と駆け落ちした。戦後ふたたび銀座のバーに復帰、河上徹太郎の愛人をながく続け、またその後、大岡昇平とも八年近く愛人関係をもち、ある日、睡眠薬自殺した。大岡はこれをモデルに小説『花影』を書き、河上の批評は歯切れわるく、また「知人」らも「本当の坂本睦子が書けていない」と言ったというのが嫉妬めいて笑える。

これを映画化したのが、銀座を描いては右に出るもののない監督・川島雄三だ。『花影』（一九六一年）主演の池内淳子はやや疲れたマダム役を巧みに演じ、青山二郎は普段は善良な役の多い佐野周二で、小ずるさのある古美術鑑定家を演じてリアリティがあった。

坂本睦子もいたバー「ブーケ」はデザイン室から見下ろした真下で、山荘風の趣のある建物だった。若かった私は本や映画の舞台の銀座を、次第に現実に感じていった。

真夏の明るさも消えた夜七時。天秤棒《てんびんぼう》の風鈴売りや金魚売りの来る時季だが今日はいない。大相撲の夏場所あけは浴衣《ゆかた》姿の力士が、ちゃらちゃらと草履を鳴らして行くのがよい光景だった。有名力士に「力をつけてください」と握手してもらったこともある。

この時間に店の中はたけなわのはずだ。黒服や、使いを頼まれたホステスが小走りに行き、面接に行くのか地図を片手に店を探す女性もいる。花束を抱いて辻《つじ》に立つおばさんの役割は熟知する銀座の店案内で、「このビルの何階」と下まで連れていき、形ばかりの花束を買ってもらうのがお約束だ。路上で待機するハイヤー運転手たちは互いに顔見知りらしく煙草を吸いながら雑談。十時ごろになると客の見送りでぞろぞろとホステスが外に出てくる。金目の旦那は一人二人連れて待たせたハイヤーに乗り込む。

あこがれて入った資生堂も二十年勤めて退社。独立してデザイン事務所を持ち、銀座は毎日通う所ではなくなった。月一度の銀座の床屋は続けていたが、それもいつしか手近な店に替わった。

そうして離れた銀座は新たな場所に、つまり訪ねてゆく場所になった。在籍中は仕事場だから飲むといってもなじみの店ばかりで、あちこち浮気はしない。しかし今はちがう。銀座に通勤しなくなってから銀座を深く知りたいと思い始め、いろんなバーに通うようになった。そういう本も書いた。

向かっているのはバー「テンダー」だ。

世界一のバーの街といわれる銀座でも「テンダー」は別格の存在だ。オーナーの上田和男さんは北海道に生まれてバーテンダーを志し、一九六六年、名門東京會館《かいかん》に入社。八年後の七四年、銀座の資生堂パーラーにできたフレンチレストラン・ロオジエのウエイティングバーに移り、すぐにワンフロアを占めるサロンバーに拡大した。当時宣伝部にいた私は、金がなくなると給料引きのツケのきくそこで飲み、縁無し眼鏡《めがね》をかけた上田さんがカクテルを作るときの怖いほどの真剣な目つきに、社交上手な銀座のバーテンダーとはちがう学究肌を感じていた。

上田さんは資生堂パーラーの建て替えを機に、一九九七年独立、銀座六丁目のビル五階に「テンダー」を開店。すでにＩＢＡ（国際バーテンダー協会）世界大会も二度出場して銀賞など輝かしいキャリアを築いていた。

エレベーターを五階で降りると、いつも少し服装を正して重いドアを押す。

「いらっしゃいませ」

迎えるのは若手だ。どうぞと案内されたのは上田さんの真ん前。禁欲的に何も置いていない広いバーカウンターに座ってすぐすることはただ一つ、注文。

「ギムレット」

「はい、ギムレット」

上田さんは必ず注文を復唱する。それは客に確認するのではなく「今から作るのはこれなんだ」と自分に言い聞かせるためと聞いた。

ボトルを並べ、調合を済ませたシェイカーを両手に取ると、ゆっくりと横に向いて立ち、やおら頭上高く猛烈なハードシェイクが始まった。上田さんの名を一躍高めたのがこの独自のハードシェイクだ。やがてテンポを落とすと正面に向き直り、揺すりながらカクテルグラスに注ぎ終えると、思い切りよくガシャッと盛大に振り切り、静かに「どうぞ」とグラスを押した。

スー……。

いろんなバーにかなり通っているが、上田さんのカクテルはどことも違う。同じ材料でもちがう。伝統を重んじながらも自分の世界に作りかえている。

上田さんが資生堂に入ったのは一九七四年、私は一九六八年。ながく勤めて独立したのも同じ、地方出身も同じだ。さらにカクテルもデザインも腕一本、自分の技量と感性で創造する仕事であるのも、さらに（これが目的ではないが）賞がキャリアになるのも同じ。私は上田さんに、同じ資生堂育ちを強く感じる。

清きを高きを尋ねゆきて
われらがこめたる露のしずく

資生堂社歌が胸をよぎる。上田さんもこの歌を歌ったはずだ。

銀座はいろいろな歌を生み、多くの歌手が銀座を歌った。私の銀座の歌はこれだなと思った。

秋・日暮里

日の暮れる里、日暮里《にっぽり》。

淋《さび》しさと仄《ほの》かな温かさ。淋しさは一日の終わり、温かさは帰るねぐら。

齢《よわい》七十歳も見えてきた私は「死」を思うようになった。父母を野辺に送ったとき、死は必ず私にも来ると実感した。恐れる気持ちはもちろんあるが、墓場には父母がいるという気持ちもある。墓は永遠のねぐらだ。

十八歳で上京し、東京生活が人生のほとんどになった。東京に慣れてゆく時期、仕事を得て身を固め、働いた時期、その仕事もさほどではなくなった今、五十年も住んで、もう東京の人間だという気持ちはある。

東京でいちばん好きな季節は晩秋だ。夏の熱気は過ぎて町は静かになり、大気は澄みわたる。東京都の木である公孫樹《いちょう》も次第に黄色を増し、落ちる銀杏《ぎんなん》を拾う人があらわれる。こんな、じっと息をひそめているような東京が好きだ。自分の人生も晩秋になった。

東京のエレジー、哀歌を書けるだろうか。

晴れた秋の日曜、根津《ねづ》神社を訪ねた。境内の黄に染まり始めた公孫樹を眺めて、我が身の秋を一人かみしめてみよう。

＊

地下鉄根津駅を上がるとなにやら賑《にぎ》わっている。貼り紙は〈10月18・19日　第16回根津・千駄木《せんだぎ》　下町まつり〉。祭とは知らなかった。不忍《しのばず》通りを、黄色の帯に水色の踊り浴衣《ゆかた》のおばさんたちが行き、通りの葦簀《よしず》張りの小屋掛けからテンテケテンと祭囃《ばや》子《し》が聞こえる。

根津鼓連とある太鼓は浴衣の姐《あね》さんたち、二つの締め太鼓は法被《はっぴ》の若い男女、後ろの鉦《かね》は少女、しわくちゃの爺《じい》さんが目をつぶり、しかめた顔を振りながら横笛を吹く。根津神社の例大祭は毎年九月に山車《だし》を引いて盛大に行われる。今日のは地区商店会の祭で、寄席《よせ》やかっぽれ、和太鼓もあり、スタンプラリー抽選の特等鷗外《おうがい》賞は「津和野《つわの》２泊３日ペア旅行券」だ。乗車無料という人力車も行き交う。

〈根津商店街まつり藍染会場　主催・八重垣謝恩会・宮永商盛会・根津銀座通り商睦会〉と横断幕のかかる藍染大通りの、緑青銅葺《ぶ》き看板建築の商店や古い木造二階家は戦前のものだろう。通りは歩行者天国になり、根津の古い写真が展示され、配られる地図に〈町名由来は素戔嗚尊《すさのおのみこと》の歌「八雲立つ　出雲八重垣　妻籠みに　八重垣作る　その八重垣を」。八重垣町・宮本町・片町・藍染町・宮永町を根津五ケ町という〉とある。

通りでは「小倉祇園《ぎおん》太鼓　関東無法松会」の旗を立て、据えた太鼓を叩《たた》いている。多くない観客は、打ち手がさあ手拍子と言ってもあまりのらず、遠巻きに静かに見ている。上海《シャンハイ》料理食堂の前に机を出し、おそろいのピンク前掛け、バンダナ巻きで〈こども店長〉の札をつけた女の子三人が「ごま団子いかがですか」と売るのがかわいい。

聞こえてきたのは根津小学校の鼓笛隊だ。そろいの臙脂《えんじ》ベレー帽、チョッキに紺の半ズボン。総勢五十名ほどは盛大とは言いがたいが、商店街をゆく子供鼓笛隊は大パレードとはちがう親密感がある。沿道の商店から店の人も見に出てきて、我が子もいるのかもしれない。

根津神社の梢《こずえ》高い公孫樹はまだ緑ゆたかだ。緑の下に赤い山門は映え、境内には露店が並ぶ。神社の祭ではないので境内は貸しているだけ。プロの香具師《やし》は見られず、そろいのオレンジ色Tシャツに白割烹着《しろかっぽうぎ》の町内のおばさんたちが焼きそばや汁ものを売る。行列の〈根津権現汁〉は、けんちん汁にワンタンの皮を短冊に切ったような平べたいうどん（?）が入るのは「神社札」の意味か。「さあ今年最後だよ」と声をはりあげる

〈べったら漬〉を買うと丸い大根がずしりと重い。幼な子たちは若い姉さんの巧みな飴《あめ》細工に目を凝らす。

朱塗り山門前の広い境内に、懐かしい大道啖呵売《たんかばい》が出ていた。白羽織に紺袴《こんばかま》、白足《しろた》袋《び》、頭に赤い天狗《てんぐ》面を載せた大時代な支度で、地面の半紙に筆を小刻みに震わせてくねくね走らせ「龍」の字を書いてみせ、「おお、蛇に見える」と声を上げるのは「サクラ」か。昔なら黒山の人だかりだろうが、今はパイプ椅子を並べた「大道芸観賞」だ。「この霊験あらたかな……」と口上が続き、持った扇を一閃《いっせん》すると「牛頭《ごず》天王」と書いたお札がはらはらと舞って一斉に見物人が拾いにゆく。

そこに現れた、裸に青い腹掛け、赤ふんどし、首に大数珠、頭に日の丸扇を差し、両手に鳴り物を持った髭《ひげ》男が「万々歳　おめでたや　世の中めでたいと申します　すたすたや　すたすたや」と裸足《はだし》で踊るのはいかにも禍々《まがまが》しい前近代の異形が墓石を上げて出てきたようだ。口上によると、江戸時代に人集め手段に店の前で踊った「すたすた坊主」というものらしい。へらへら笑っているのがなお怖く、近寄られた子供は泣かんばかりに親にしがみつく。

続いて登場は「バナナの叩き売り」。机に大きな房を山と置き、丸め折った新聞紙で机をバシンと一発叩いて啖呵売だ。

「銭のない奴《やつ》は買わなくていい　見ているだけならタダでいい　クレオパトラか楊貴妃《ようきひ》か　小野小町《おののこまち》かカアチャンか　さあ（バシン）いいバナナだね　昔は海老《えび》で鯛《たい》を釣るこないだスーパーで驚いた　今は海老はタイから来る（笑いおきる）　そのスーパーで買えば五〇〇円　それがたったの四〇〇円　え！　もう買うの？」早速手を挙げた客に拍子抜けのようだ。「這《は》えば立て　立てば歩けの親心　立てば嬉《うれ》しい嫁心　ここんとこ子供さんは聞いちゃあいけないよ　コンチキショー　二つで持ってけ五〇〇円！（バシン）え、また買うの？」まるで売りたくないようだ。しゃがんだ子供がそのバナナをもう食べているのがおかしい。「エーイ四〇〇円　買わねえなら三〇〇円　ヨーシもうヤケだ（はいはいと手が挙がる）一〇〇〇円！（一同爆笑）　人の話は最後まで聞かないといけないよ」

結局完売して口上も終わり、拍手がわいて照れるのがよかった。

＊

神社から信号を越え、不忍通りと並行して千駄木方向にくねくね行く裏道は通称「へび道」と言う。筆書きの蛇なら神社で見た。ここは藍染川だった筋で、藍染めの水洗に川はつきものだ。

古い家並みの奥の、小岩井牛乳配達箱のある家に小さく「結構人ミルクホール」の看板が。〈当店はお一人様専門店です　会話目的のご利用はごえんりょ頂いてます〉とことわり書きしたガラス戸をあけた中は、普通の民家を靴で上がれるように改装した喫茶店だ。一人用の机椅子は衝立《ついたて》や布で巧妙に仕切られて互いが見えなく、それぞれに電灯が下がる。頭にタオル巻き、ジーパン、〈立山〉と染め抜いた酒屋前掛けの若い店主はもの静か。客は女性が多く、皆読書。物音ひとつしないと思ったが、ほんの微《かす》かにピアノ曲が聞こえる。

〈８００円※ブラックのみ〉とある珈琲《コーヒー》メニューから選んだニカラグアは〈産地ニカラグアファティマ農園　品種ジャバニカ種　焙煎《ばいせん》度微深炒　リッチなコクの中に、青々とした珈琲らしい香味が生きる多層的な味わい。ほのかな甘味とキレのある味を爽やかに……〉と説明が長い。

萩焼《はぎやき》風の湯《ゆ》呑み茶碗《ぢゃわん》で届いたコーヒーが歩き疲れた体にしみてゆく。静かな中でゆっくりコーヒーを飲むだけの時間。「何もない静か」は何と充実した状態か。秋の祭はこの後はもう何もないですよという区切りだろうか。若いときは「静か」の良さはわからなかった。永遠の「静か」が「死」なのかもしれない。

不忍通り両側は、権現坂、狸《たぬき》坂、団子坂、寛永寺坂、芋坂、紅葉《もみじ》坂、富士見坂など上野の山に向かって坂が多く、千駄木から上野に上がる三崎《さんさき》坂をへび道が横切る所の「菊見せんべい」はきれいな名だ。森鷗外旧居観潮楼跡をはじめ、夏目漱石旧居跡、幸田露伴旧居跡、高村光太郎宅跡、岡倉天心旧居跡、青鞜社《せいとうしゃ》発祥の地など文人の旧跡も多い。

先の谷中《やなか》墓地は、徳川慶喜《よしのぶ》、渋沢栄一、牧野富太郎、横山大観《たいかん》、鏑木清方、杉山寧《やすし》、上田敏《びん》、広津和郎《かずお》、獅子文六《ししぶんろく》、佐佐木信綱、円地文子、色川武大《たけひろ》、宮城道雄、長谷川一夫、森繁久彌《もりしげひさや》。さらに常陸山《ひたちやま》、栃木山、出羽海《でわのうみ》、名寄岩《なよろいわ》、柏戸《かしわど》など力士たちも眠る。

墓をまわり、苔《こけ》が生えて読みにくい文字を掃いて読む趣味を「掃苔《そうたい》趣味」と言うそうだ。子供のころ墓は怖い所だったがこの歳《とし》になると怖さも消え、落ち着きすら憶《おぼ》えるのは苦笑のほかない。昔よく青山墓地で花見をしたが、満開の桜と墓はよく合った。

あたりは寺が多く、大圓寺《だいえんじ》は九月九日・重陽の節句の「菊まつり」が有名だ。江戸期に木戸銭をとって見せた菊人形のスターは「江戸三大美人」の一人と言われた笠森《かさもり》稲荷参道の水茶屋「鍵屋」の娘・お仙で、江戸美人浮世絵師の鈴木春信に描かれた。昭和八年、朝日新聞に連載された邦枝《くにえだ》完二の小説『おせん』は小村雪岱《せったい》の挿絵が評判を呼び、昭和の文人・永井荷風が「笠森阿仙の碑」の撰文《せんぶん》を書いたのは風流と言えよう。

大圓寺にほど近い宗林寺《そうりんじ》は入母屋《いりもや》大屋根に千鳥破風《ちどりはふ》と唐破風を重ねた玄関を二つ構え

た豪壮な寺だ。赤錆《さ》びた鉄扉の古い赤煉瓦《れんが》塀の端から卒塔婆が立ち並ぶ墓地が見える。隣の「ＨＡＧＩＳＯ　ＣＡＦＥ」は庭の椅子に順番を待つ人が大勢いる。

　宗林寺は境内の萩が名高く「萩寺」と呼ばれ、隣の木造アパート「萩荘」は上野の東京藝大美術学部学生のアトリエやシェアハウスに使われていたが、震災後に老朽化解体となり、由緒ある風景が消えてゆくのを惜しむ入居者が解体前最後を記憶する展覧会を開くと、三週間で千五百人もの人を集めた。通りに掲示した解説文の末尾〈この予想外の盛況を受けたことによりこの建物の価値が見直され、計画は一転、なんと改修され生まれ変わることとなり、２０１３年３月「最小文化複合施設」としてオープンしました！〉の最後の〈！〉に学生たちの達成感があふれる。建物リノベーションはさすがにうまく、折から開催中の「『本と街と人』をつなぐ、不忍ブックストリートの10年展」やオリジナルバッグの販売もおもしろい。いいぞ藝大生、よくやった。

　もう五十年も前の高校生のとき、東京の美術大学をめざした私は、同じく藝大をめざして東京で浪人中の兄を訪ねた。兄は藝大音楽学部にいる高校時代の先輩の下宿、といっても物置小屋の板張り二階に居候しており、まわりは寺の墓地だった。先輩が下駄《げた》履きで悠々とチェロを弾いていたのを思い出す。私も藝大をめざしたが、兄と同じ大学を受験して明暗が分かれたときを心配した父に説得されてあきらめ、別の大学を受けた。

以来藝大生にはあこがれと期待がある。デザイナーの世界は実力主義で学歴は関係なかったが、藝大生はどこか浮世離れした「芸術バカ」が多く、それがまたよいところで、もし藝大に入っていたらそういう友もできただろう。二浪で合格した兄は藝大生活を謳《おう》歌《か》したが、数年前に亡くなった。

*

七面《しちめん》坂を右に曲がり、向かっているのは「朝倉彫塑館」だ。かつて兄を訪ねたとき教えられ、玄関屋上露天に裸でうずくまる男の像を置いた黒塗りの特異な洋館に、田舎《いなか》学生は芸術の本場を感じた。外観は変わらないが、五年を費やした大規模な保存修復工事がこのほど終わり、今は「没後50年　朝倉文夫展　ふたつの故郷・朝地と谷中」が開催中だ。

大学を出て銀座の資生堂にデザイナーとして入った私は、三年ほどを過ぎ、さあいよいよ自分を発揮するころだと燃えていた。「個性ある女性像」を写真で描こうと始めた雑誌広告のシリーズ最終回に、モデルを立たせる場所として、天井高く自然光の入る朝倉彫塑館のアトリエを思い出し、そこで撮影した。当時は早稲田大学にある大隈重信像の巨大な原型が置かれ、その足元を入れた写真は静謐《せいひつ》な美しさがあると評価され、自信作となった。

　巨大な採光窓のある高い天井はなめらかにカーブして壁になり、部屋の角隅もすべて丸い空間は彫刻背後に余計な直線を作らず、自然光がやわらかい。寄木《よせぎ》張りの床に立つ等身大彫刻は、間近なだけに人間性を生々しく感じる。モデル代がなく弟に頼んだという『若き日のかげ』の青年の愁い、娘の摂《せつ》と響子をモデルにした『姉妹』は背中合わせの姿態が優雅。そして肖像彫刻の豊かな人物描写は圧巻だ。大隈重信像の原型は、間近に見る表情に遠望とはちがう深い人間味をくみとれる。

　削り出す彫刻とは違い、粘土を固めてゆく技法を「彫塑」と名付けたのは朝倉の東京美術学校の師で、共鳴した朝倉は生涯彫塑家と名乗った。粗く指痕を残す男性像、滑らかに肌を整えた女性像など、肖像の持つ生々しい人間性は「生きているようだ」とも言えるが、一方「永遠」もまた感じさせる。人は死して永遠となる。迫真の肖像はその形だった。

　大分出身で藝大の前身である東京美術学校を出て谷中に住んだ朝倉は、郷里・竹田高等小学校の同窓生・滝廉太郎像制作にあたった。像裏の文にこう書かれる。〈君は十五才自分は十一才、十一才乃印象を土臺《どだい》にして君の像を造ろうというのである。多少の不安を抱かぬでもなかったが、制作に着手してみると印象はだんだん冴《さ》えて来て古い記憶は再び新しくなり、追憶は次から次へと蘇る、学校の式場でオルガンの弾奏を許されていたのも君、裏山で尺八を吹いて全校の生徒を感激させたのも君、それは稲葉川の川瀬に和した忘れることの出来ない韻律であった〉。足首まで長い白の制作着で、完成間近の像の脇に立つ朝倉の写真がいい。

自ら設計監督し、大工棟梁《とうりよう》・小林梅五郎、造園・西川佐太郎、銅板葺き・佐藤卯平《うへい》ら名工に腕をふるわせた、日本家屋と洋館を合体させた建物は精緻をきわめ、三階「朝《あさ》陽《ひ》の間」など直線が基本の日本間においても曲線を多用して作家の造形を見せる。四方を建物に囲まれた池は床下まで満々と水をたたえ、見上げるような巨石は、ちまちました風雅を超えた雄大な世界観だ。少ない庭木は一月の梅から十二月の山茶花《さざんか》まで純粋の象徴としてすべて白い花にしたが、完璧を避け、ただ一本赤い百日紅《さるすべり》を入れた。

屋上に上がると一気に展望が開けた。背を見せてうずくまる玄関上の彫刻は『砲丸投げ』の青年だ。屋上は樹《き》もあり、菜園は二十日大根か。当時の弟子たちは「園芸」が必修で屋上では野菜を育てていた。

見渡す東京の西空はかすかに赤くなってきた。西陽のあたる上野方面は広い墓地の向こうにスカイツリーが白く光る。これができたとき五重塔の相輪を思った。一帯に感じる死の雰囲気は夕照ゆえだろうか。

彫塑館を出た先の古い木造二階家、ガラス戸越しに仕事場の見える「鉽力店吉川《ブリキ》」の二階左右の銅板菱《ひし》格子化粧戸袋は職人の腕の見せ場なのだろう。彫塑館で撮影したとき、全体の空気が古めかしすぎるので一計を案じ、その店に頼みステンレス板を切ってもらって、大隈像の台座に巻いたことを思い出した。

上がった御殿坂の経王寺《きょうおうじ》山門脇は、萩や芒《すすき》の秋草が自然のまま人の背丈より高く繁《しげ》り、一種荒涼たる様子がいい。石畳の境内は白萩が花盛りだ。卒塔婆の立ち並ぶ墓地にひときわ高く古い墓石は「冠家」。案内板に〈明暦元年（一六五五）、当時の豪農冠勝平が要詮院日慶のために寺地を寄進し、堂宇を建立。慶応四年（一八六八）の上野戦争のとき敗走した彰義隊士をかくまったため、新政府軍の攻撃をうけることとなり、山門には今も銃弾の痕が残っている〉とあった。

墓石正面に大きく〈歸空〉、裏は〈寛文九己酉天正月二十七日〉。

――帰空、空に帰る。骨は地に、魂は空に。墓石は垂直に空を指す。

あたりは「夕やけだんだん」と言われ、夕焼けがきれいな場所として人気だ。日曜の今日は〈下町まつり〉もあってか、たいへんな賑わいだ。若い男女四人がビール片手に石段に焼鳥を置いて座り込み、暮れゆく夕陽を見ている。首から大型カメラを提げたアマチュアカメラマンが「今日の夕焼けはいい」と話している通り、遠く富士の方向に、薄雲を赤く染めた空が美しい。夕焼けを見るのは久しぶりだ。都会で見る夕焼けもいい。シルエットになったビルが墓石に見える。一日が暮れてゆく。日暮里とはここのこと。

御殿坂の本行寺《ほんぎようじ》は別名「月見寺」。夕焼けの後は月見か。幸田露伴旧居跡はここにある。露伴は谷中の天王寺五重塔をモデルに、明治二十五年、小説『五重塔』を発表、代表作となった。昭和十九年、監督・五所平之助《ごしよへいのすけ》と新派一党による映画化は、一徹の大工・のっそり十兵衛の花柳章太郎が優男ゆえあまり職人に見えなかったが、寺の上人・大矢市次郎や同僚大工の源太・柳永二郎、清吉・伊志井寛《いしいかん》あたりは雰囲気があった。当然、谷中の五重塔も画面に出てくる。

昭和三十二年、塔は放火心中により心柱のみを残して全焼した。心中をはかった裁縫店勤務の男四十八歳と女二十一歳は不倫関係にあったという。今は礎石だけが残る。

すぐ先の「下御隠殿橋《しもごいんでんばし》」というすてきな名前の橋はそのまま日暮里駅北口だ。ここは幾線もの鉄道を見下ろせる橋としてマニアには有名で、唯一、新幹線を見下ろせるとか。沈む夕陽と鉄道は合う。

日が暮れた。古いしもた屋で手作りを量り売りする「中野屋」の佃煮《つくだに》は東京でいちばんうまい。通りのそば屋「川むら」は、肴《さかな》もいろいろで酒の揃《そろ》いもよく、飲めるそば屋として左党に知られる。ここで一杯やって帰ろう。

「中野屋さんですね」

「ああ、あさりと小海老」

女主人が私の包み紙を見て声をかける。

「下町まつりに行ってきたよ」

「先週は谷中まつり、岡倉公園で藝大生のお琴を聞いたわ」

岡倉天心記念公園（旧邸・日本美術院跡）の小さな六角堂の中には金色の天心像があった。藝大生が東京美術学校第二代校長の像の前で琴を披露するのはうるわしい。

ツイー……。

当店で推す滋賀の酒「喜楽長《きらくちょう》」が腹にしみる。

晩秋の一日は若いころを思い出させた。このごろはよく若いころを思い出す。自分は、自分の願った人生を送っただろうか。そうでもないし、そうでもある。結局こうなった。酒がうまい。それで何の不足があるものか。こうして何も考えなくなってゆく。これでいいのだ。いいのだろう。

冬・麻布

大学を終えて銀座の会社に勤務となり、住むところは千駄ヶ谷に落ち着いた。一間と台所の賃貸アパートは手狭だが、たいした物も持っていない独身暮らしにはこれでよい。住まいに関心のないまま仕事に没頭していた。家は寝るだけの場所だった。

しかし三十五歳を超していつまでもこれでよいのかと思い始めた。家ぐらい持っていないと嫁さんも来てもらえない。会社の住宅ローンで買うとするか。場所は通勤に便利であればどこでもよかったが、不動産会社から六本木《ろっぽんぎ》のマンションを紹介された。

「六本木?」

八〇年代のバブル景気が始まったころで、六本木は夜遊びの中心地だ。自分もたまに繰り出したが、まさか住む所ではないと思っていた。半信半疑で見に行くと、六本木通りの喧噪《けんそう》がうそのように消えた鳥居坂だ。

「ここはどんな人が住んでるの?」

女優の○○さん夫妻とか、の返事に胸がおどった。日活青春映画でデビューしてから私はファンを続けている。もちろんその方は広大な最上階、こちらは三階の1DKだが、もしかするとお会いするかもしれない。返事はOKしかない。組んだローンは二十年。「二〇〇一年ローンの旅」だ。銀行の大ローンを組むには戸籍謄本が必要で、故郷長野の父に頼むと、家を持つならこの際、本籍を移したらどうだと言われ、私の本籍は「港区六本木」になった。

＊

そのマンションに越すと近所を歩いた。

鳥居坂に最も目立つのは、昭和八年竣工《しゅんこう》のヴォーリズ設計の華麗なスパニッシュスタイルの東洋英和女学院。小径をはさんで「Gillette」と小看板のある角の玄関に四本のねじり柱を立て青瓦で葺《ふ》いたイスラム風の旧・山尾邸は昭和七年、丸の内の明治生命館などで知られる建築家・岡田信一郎の設計。隣の英国風石造り洋館、大正十一年ガーディナー設計の旧・小田邸は今はペディメント（三角破風《はふ》）に私設天文台をのせたフィリピン大使館。さらに通り向かいは、ギリシャ風柱の車寄せ玄関上にバルコニーを設け、青銅の三角屋根をのせた装飾堂々たる石造り洋館の金光邸だ。

〈麻布の鳥居坂周辺は、木の間がくれに石組の洋館がみえたりして、東京ではほとんど唯一といってよい大正期の御屋敷街の面影を伝える通りとなっている〉〈(麻布は)大邸宅やしゃれた集合住宅の他、外国系の学校や大使館を引きつけ、現在も、東洋英和女学院やスペイン大使館などの外国人建築家の手になる昭和の秀作が数多く残され、坂道の多い静かな街のたたずまいとあいまって(……)〉(藤森照信/東京建築探偵団『近代建築ガイドブック[関東編]』鹿島出版会・一九八二年刊より)。まことにこの通りだった。

勤め先の銀座への通勤は地下鉄日比谷線六本木駅からになった。

朝は駅まで歩く。道の左側は公的建物が多く、堅固な石垣の上の瓦葺き土塀が明治の面影を残す国際文化会館、外国人向け住宅群の川崎ハウス、広い私道が奥をうかがわせない日本銀行鳥居坂分館、日曜午前には外国人信者の集まる鳥居坂教会。建物はどこも高い樹《き》で囲まれて朝の道の空気は清々《すがすが》しく、こちらから行くのは我一人、向こうから通学して来る東洋英和女学院生徒の集団とすれちがう。学習院女子部、東京女学館と並んで東京三大女子高セーラー服と言われた海老茶《えびちゃ》のネクタイスカーフがすてきだった。

我が家の向かいはシンガポール大使館で国旗が揚がっている。その奥はこのあたりに多い外国人向け高級住宅「HOMAT」で、建物それぞれに愛称があり、ここは「CONCORD」と「MAJESTY」が向かい合う。突き当たりはブリヂストンタイヤの石橋家が入るマンションだ。

急坂を下った鳥居坂下信号を渡った左右は麻布十番商店街だ。当時麻布十番は交通の便が悪く、新一の橋には「陸の孤島　悲願地下鉄開通」の常設看板があった。夜おそくには、近くにできたばかりの巨大ディスコ「マハラジャ」から、六本木の地下鉄終電に乗る若い男女がぞろぞろ群れをなして鳥居坂を上った。

越してから、六本木の歓楽街はまったく行かなくなった。住む所では遊ばない。

上京しておよそ十五年が過ぎて新宿や銀座に慣れてくると、興味は古い東京、それも戦前の落ち着いた山の手に移り、日曜の朝はいつもその一帯を歩くようになった。

鳥居坂下から両側を高台がはさむ暗闇坂を上がった元麻布は、信州の田舎《いなか》であこがれた戦前東京の上流お屋敷があり、名門女学校に通う女学生の弾くピアノが聞こえるはずだ。

〈明治20年以後、少しずつ（麻布は）新政府の指導者や華族、実業家たちが旧大名屋敷跡を買いとって私邸を構えはじめ（……）高い塀に囲まれた広い庭を前に、接客用の洋館と私生活用の広大な和館の並ぶ独自の御屋敷町の形成をみる〉（前掲書より）

そういう屋敷はいくつもあった。それらは屋敷といっても田舎旧家の瓦屋根日本家屋とはちがい、ひっそりした洋館で人の気配はうかがえず、ヒマラヤ杉の梢《こずえ》の間に見える二階の窓はカーテンで閉じられていた。

　暗闇坂、一本松坂、大黒坂の三つが集まる三差路の大正十三年築の洋館・阿部邸は、玄関はモザイク飾り、縦窓には装飾破風、壁にはイコンのような不思議なタイル画、屋上はコーニス（かざり縁）を回した、子供のころ読んだ江戸川乱歩『少年探偵団』の「誰が住むかわからない山の手の古いお屋敷」そのものだ。

　長い煉瓦《れんが》塀で囲まれた車寄せのある玄関の多くは大使館で、門柱には各国文字の金色の表札板やエンブレムがある。砂利を敷き詰めた前庭をもつ石造りの大きな洋館は戦前からの財閥の会員制倶楽部《クラブ》。広大な敷地の梢高い樹で囲まれた奥にちらりと見えるだけで、まったく何かわからない家がいくつもある。

　外国人子女の通う「西町インターナショナルスクール」は大正十年築、ヴォーリズ設計の旧・松方男爵邸で、日本の学校とは雰囲気がちがった。また隣の白金三光坂で迷い込んだ道の突き当たりの、八角形上半分のアーチ門は聖心女子学院の正門だった。いくつもあるＨＯＭＡＴの「ＨＩＧＨＬＡＮＤ」「ＷＩＳＴＡＲＩＡ」「ＲＩＶＩＥＲＡ」などは、マンションブームで売り出し中の派手な外装とちがい、樹々に隠れるように薄緑のタイルで統一されていた。庶民的な家や商店はなく人の気配も感じられない、しんとした屋敷町がどこまでも続いた。元麻布を抜けた南麻布の、都心にこんなに緑があるのかと驚いた有栖川宮《ありすがわのみや》記念公園には有栖川宮の軍服騎馬銅像が立ち、その先は外国人向けのスーパーマーケット「ナショナル麻布」があった。

これが山の手か。ここから学校に通う子は制服だろう。田舎で見ていた少年雑誌挿絵の東京の子供は、制帽に折り目のついた半ズボン、黒いソックスで革靴をはき、冬は手袋に厚手のオーバーを着ていた。

それは戦後間もない田舎のはな垂れ小僧の、入学式で買ってもらった学生服も袖口は鼻水を拭いたピカピカのますぐつんつるてんになり、以降は破れセーター、つぎ当てを繰りかえしたズボンと藁《わら》草履の、着られれば何でもよいありあわせ服とはまるでちがう。上京して見た慶應幼稚舎の紺の制服に、挿絵は本当だったと知った。女学生の襞《ひだ》スカートのセーラー服も、冬のおそろいの紺のオーバーも初めて見た。

子供ごころに漠然とあこがれた東京。お屋敷に住み、朝は父母にきちんと帽子をとって「行ってまいります」と挨拶して学校へ。セーラー服の姉は通学の電車では手を重ねて膝の上に置き、伏し目にしている。休みは着替えて動物園や食堂に出かける。父はたまにハイヤーで帰ってくる夜もあり、母は寝ないで待っている。正月、応接室洋間に通された軍服の叔父《おじ》と士官学校に進む兄はながく話している。その世界がここにはあった。

麻布がすっかり気に入った私は、会社帰りに銀座で飲んだ後は麻布十番の居酒屋で仕上げるのが常になった。屋敷町の元麻布とちがい、麻布十番は商店街で気軽な居酒屋もある。おそい時間になると他所《よそ》の人間はいない「陸の孤島」の隔絶感がここちよく、いつまで飲んでいても家はすぐそこにある安心感で酒のペースはゆっくりになり、居座る時間はながくなる。その場所に居るだけで満足できる気持ちは一人で飲む孤独愛好ともなっていった。ここに住むことはあまり人に言わず、人も誘わず、一人で過ごして酒を飲んだ。

＊

夏はビルの上階にあるバーの外階段から両国《りょうごく》の遠花火を見た。秋の麻布十番祭は各国大使館の屋台が並び、大使館詰めの女性は美人ばかりで陽気にビールや各国料理を宣伝した。私はドイツのビールとソーセージ、ビルマのカレーが好きだった。商店街真ん中の広場「パティオ十番」の小さな仮設ステージに出た物まね芸人はコロッケと言い、ちあきなおみの形態摸写《もしゃ》が絶品だった。ある年の夏、いつも買う八百屋隣のマンションの一階ガレージで、テンガロンハットをかぶったアメリカ大使館の素人カントリーバンドが演奏を始め、さすがにうまく、聴き入る外国人たちをやんやと、またしんみりとさせていた光景が忘れられない。

新一の橋の高速下の空き地では太鼓の櫓《やぐら》を巻いて盆踊りが行われた。曲は『東京音頭』。〝花の都の　花の都の真ん中で〟幼き日に田舎で聞いた歌の踊りの輪に私も加わったのは、東京の人間になったという気持ちだったのかもしれない。

我がマンション住民の自治会会合は隣の国際文化会館会議室で行うのが通例で、終わると館内のレストランで軽食をとった。ここは多度津《たどつ》藩（現・香川県）の江戸屋敷、明治初期に井上馨《かおる》侯爵邸→久邇宮《くにのみや》邸→赤星鉄馬邸→岩崎小彌太《こやた》邸と変遷し、戦後は国有地となっていたのを一九五五年、前川國男・坂倉準三・吉村順三の共同設計により国際文化会館として発足した。岩崎小彌太が京都の名造園家・七代目小川治兵衛《じへえ》に作庭させた広大な日本庭園は残され、マンション裏通路の木立の間からのぞき見えて、そこに気軽に出入りするのは地元意識を高めた。

春は国際文化会館入口の桜が満開になり、同じ桜を毎年見ることを知った。冬、珍しく雪が降るとマンション下の坂はハンドルをとられた車がスリップして数珠つなぎにエンストした。あるとき、下で映画のロケをしている俳優・高橋英樹が見え、彼が主演した鈴木清順監督『けんかえれじい』の大ファンだった私は、監督の同名本にサインしてもらいに走り下りたことがある。

部屋に小さなユニットバスはあったが、もっぱら鳥居坂下の銭湯「麻布十番温泉」にタオルと石鹸《せっけん》をさげて通った。コーラのような黒い鉱泉はよく温まり、番台のおばさんとも仲よくなった。八百屋、魚屋、豆腐屋もいつしか店が定まり、スーパー「ハラストアー」や「大丸ピーコック」は大使館の町にふさわしく世界各国の食品や酒がいくらでもあった。麻布十番は韓国料理屋が多く、仙台坂・韓国大使館向かいの「韓国食品センター」には季節のキムチをよく買いに行った。日々は充実し、私は東京に住む所が初めて定まったと感じた。

そこから銀座に通い続け、四十歳を過ぎたころ、二十年勤めた資生堂宣伝部をやめる決心をした。何の不満もなかったが、もうひとつ自分を飛躍させるには独立するのがよいだろうと思った。フリーのデザイナーでやってゆくには仕事場が必要だ。流行商売のデザイナーはどこに事務所を構えるかは重要で、人気は青山だったが、私は麻布を離れたくなく、見つけたのは麻布台だ。

六本木族のはしりと言われたミュージシャンや芸能人の集まる飯倉片町《いいくらかたまち》のイタリアンレストラン「キャンティ」横の坂を下った突き当たりの「和朗《わろう》フラット」通称・スペイン村は、農学者の上田文三郎がアメリカ留学後の昭和五〜十一年の間に新しい都市スタイルとして自宅奥の敷地に自ら設計して建てた住宅群だ。木造二階建て、白壁の洋風集合住宅が三棟、中庭や通路をはさんで不規則につながり、窓、玄関はすべて形がちがい、青や緑のペンキで縁取られてファッション写真の撮影によく使われていた。私の棟は新しく建て直したものだが敷地は同じだ。

デザイン事務所には名前が必要になる。「太田デザイン室」のようにわざと凝らないものが多かったが「太田」姓は個性がない。しかし全くの新語は覚えてもらえない。だれもが知る語で、「ア」で始まり「ン」で終わるのが良いと「アラジンデザイン」を考えた。いちおう会社にするので調べてもらうとすでにあり、同一区内に同じ会社名は名乗れないという。ちなみに何の会社か聞くと「大人のおもちゃ販売」だった。あぶないあぶない。そういうもののデザイン依頼が舞い込んでくるかもしれないがそれも面白いか、などとのんきに構えたが、そうもゆかず「アマゾンデザイン」と決め、早速ロゴをデザインし、借りた一階玄関に掲げ、自分だけの机に向かい「さあやるぞ」と両腕を上げたときの昂揚《こうよう》をよく憶《おぼ》えている。

キャンティからの下り坂は一周するとまた元にもどる袋小路で部外者が入ることはなく、都心のエアポケットのように静かなのんびりした所だった。仕事場では黒ラブラドールの愛犬ケリーを飼い、そのうち放し飼いにしたが何の心配もなく、ケリーは定時に近所を見回りしていたようだ。袋小路だが、自宅の鳥居坂からは首都高速環状線の下をぐる小さな地下道が抜け道のように直結し、朝夕そこを往復した。

麻布台もまた大邸宅が並び、石橋財団のブリヂストン美術館永坂分室や、「岩崎」と表札のある迎賓館のような石造り洋館、見上げる大樹林に囲まれた屋敷数軒はイギリス郊外の家のように塀囲いもなく土の敷地に木立の枯葉が重なる。ひときわ瀟洒《しょうしゃ》なスペイン風白壁のお宅の表札「松山」は、松山善三・高峰秀子夫妻の家とすぐわかった。日本映画を代表する大女優の家は我が事務所上の高台にあった。

毎日通う和朗フラットの庭は初夏は山吹、秋は萩《はぎ》が咲く。そこに椅子を出してコーヒーを飲み、足下に愛犬を座らせた。あれだけよい環境の仕事場はなかった。

その麻布もおよそ二十年住んで離れた。上京して最もながく住んだ所だったが、結婚して住むには手狭で限界があった。麻布台の仕事場もそれ以前に越していた。デザイン事務所はバブル景気がはじけたというのか儲《もう》からず、「二〇〇一年ローンの旅」は終わっていたが高い家賃を払い切れなくなった。越したその年に麻布十番は悲願かなって地下鉄南北線と大江戸線が開通した。

一つ屋根の下に住むと勝手に悦に入っていたマンション最上階の女優はその以前に他所へ越されていたが、一度だけお会いしたことがあった。

ある夜乗ったエレベーターを閉めようとすると、玄関から入ってきた小柄な女性はジヨギング姿に大きなマスクをしていても、すぐその方とわかった。ドアをオープンにして待つとややためらったようだが乗られた。知らぬ男と二人きり、後ろの隅で身を固くしているのがわかる。何か話したいがもちろんそれはできない。私は考えて一言だけ声をかけた。

「何階でしょうか」

「○階をお願いします」

映画でよく知る、ややくぐもりのあるお声だ。私はその階のボタンを押し、振り向かずに三階で降りた。それだけだった。

＊

——そして十五年、冬の午後の鳥居坂下に立った。懐かしい町を歩いてみよう。

他所に越してから麻布十番は激変した。業界人が夜隠れて遊ぶ所と噂《うわさ》されていた「陸の孤島」への地下鉄開通は話題になり、休日はお上りさんであふれ、鯛焼《たいやき》屋に長い行列ができた。風景を最も変えたのはその後、通りの奥に建った巨大な六本木ヒルズのビルだ。知る人ぞ知る元大名屋敷の毛利庭園はテレビ局になり、道路まで開通した。

坂のかつての住処《すみか》から事務所までの同じ通勤道を歩いた。「川崎ハウス」は更地になって仮設のような劇場が建ち、向こうに六本木ヒルズが見える。鳥居坂の道に沿う旧・山尾邸はなくなり、旧・小田邸のフィリピン大使館はビルに変わり天文台はどうなったかわからない。金光邸もなくなった。いま一帯には超高層ビルの六本木五丁目西地区再開発計画がもちあがっている。

麻布台の和朗フラットの一棟は普通のアパートに建て変わっていたが、仕事場のあった棟は健在でどこかの会社が入っている。懐かしい庭の手押しポンプ井戸はまだあり、把手を上下すると私を待っていたようにこんこんと水があふれた。変わらないのはお前だけだ。

狸穴坂《まみあなざか》を下って旧・三田小山町《みたこやまちょう》に入った。このあたりでは珍しい古い木造家屋が密集する地域で、鳥居坂に住んでいるころ、奥の銭湯「小山湯」によく入りに来た。会館風の麻布十番温泉とちがい、大正十年からの昔ながらの煙突のある銭湯は趣があったが、やっているだろうか。

再開発で建った超高層タワー二棟から、麻布十番との境界の古川に押し寄せられるようになりながらも小山町は昔のままだったが、小山湯は〈今月の定休日〉の札を空白に閉業していた。近所を歩くと、おお、「亀屋」「黒沢商店」二軒の豆腐屋がまだ健在だ。風呂帰りはいつもここで豆腐を買い、二軒を味比べしたこともあった。黒沢商店で聞くと、小山湯は主人が体をこわして休んでいるうちにペンキも剝げてきて、それをしおに二〇〇七年に閉業。このあたりも六年後には再開発が始まるらしい。こんど豆腐を買いに来なければ。

麻布十番から坂を上った元麻布は、異形のキノコ形高層タワー住宅をはじめ、億ションならぬ十億ションばかりに変わり、古い屋敷は何もない。ただ一軒、阿部邸はそのままあったが隣の空き地は駐車場だ。外部を拒絶するように四角く冷え冷えした超豪華マンションビルばかりが並ぶ通りは、監視カメラと管理人が見張っているようで人の気配のかけらもない。樹木も減った。

昔日の面影はないまま旧・宮村町に足を向けた。そこは元麻布の高層マンションの谷間に、奇跡的に昔のままの二階建て木造家屋が長屋のように数棟並び、それぞれに煙突、二階に物干し台のある、下町月島《つきしま》のような所だった。

一角はそのまま残っていた。自転車が置かれ、軒に風鈴が下がり、家まわりには緑の鉢植えがいくつもある。棟の間の路地を遠慮して歩き、隣の児童公園の上からもう一度全体を見た。高層マンションに囲まれて身を寄せるような屋根の連なりは、そこだけが人の住む匂いがする。私は自分の住んでいたころの麻布の思い出を重ね、しばらく眺めていた。

麻布十番に戻って入った居酒屋「はじめ」は、住んでいるころ毎夜のように来た店だ。

「こんばんは」

「お、いらっしゃい」

来訪に主人はすこし驚いたようだが、それきり何も言わない。カウンターの大皿から選ぶお通しは〈菜の花辛子和《あ》え〉にした。

なじみ席に座ると瞬時に昔に戻ったが、麻布からかつての屋敷町の風情は消えていた。自分はよい時代に住んでいたのかもしれない。久しぶりに来ても特に話をするわけでもないのは、このあたりの店らしい。それでも何か話してみよう。

「十番温泉のあった空き地は何になるの?」

「さあ」

「ここの客はどう?」

「今も業界ですね、この辺はテレビの制作会社とか多いんですよ」

当店は天現寺《てんげんじ》から越してきて三十一年目と言う。そのころから知っていて、あの店が麻布十番に来たのかと確かめに入ったのが最初だった。亡くなった先代は業界の噂話などまったく我関せずでいたのがよかった。

——三十一年か。私は店内をもう一度見て、盃《さかずき》に目を落とした。

春・下北沢

東京の大学に合格し、長野県松本から上京したのは一九六四年、十八歳になったばかりの春だった。

初めは板橋《いたばし》の兄の下宿においてもらい、しばらくして一人暮らしを始めた。下北沢の南口商店街を抜け、住宅街の始まるあたりの郵便局の向かい、化粧品店奥の一軒家だ。といっても家々の谷間にぽつりと建つ木造物置の改造で、小さな戸を開けた目の前は水道と流し、右に便所、左に四畳半一間だけの極小だが、一人前に専用路地をもつこの一戸建てを大いに気に入った。

デザインの勉強のための画材とふとんの他は何もなく、四畳半の部屋の三分の一を占める、下が物入れになった一段高い寝台にふとんを敷くとすぐ引っ越しは終わり、しばらく考え、実習用のケント紙で表札を作り、入口戸の右に画鋲《がびょう》で留めた。

「太田和彦」

自分の表札を出すのは初めてだ。小さいながらも一国一城の主。悦に入って腕を組み、しばらく眺めていた。住所、世田谷区代沢《だいざわ》五の二九の一四は「居にくいよ」と憶《おぼ》えることにした。

鍵を閉め商店街に買い物に出た。ラッキーにもすぐ先は銭湯だ。向かいは八百屋、酒屋のそのあたりは複雑な六差路をなし、一角に小さな庚申堂《こうしんどう》があった。自炊せねばならず、荒物屋に入り、小さなガス台と赤い蓋の片手鍋、金網ざるを買った。電気釜は兄からもらってきた。

子供のころからはやく一人暮らしをしたくてたまらなかったので、下北沢の日々は楽しかった。町は活気があり、駅北口には終戦直後の一九四五年九月から始まったという闇市マーケットがそのまま残っていて、裸電球の下に鮮魚や野菜がずらりと並び、おでん種や銘茶、チョコレートなどの輸入菓子や化粧品、米軍放出品などの店が迷路のように続いていた。一番奥にあるサイキ画荘ではよくクロッキー帳や絵具を買った。

授業が終わるとすぐ家に帰ってきた。下北沢駅は小田急線と井の頭《いかしら》線が斜めに交わる複雑な駅舎で、南口、北口を二階高架でつなぐ改札通路はいつも人であふれている。南口の階段を下りた小田急ストアでくずハムこま切れ（五〇円）を買い、途中の八百屋でもやしひと掴《つか》み（一〇円）、最後に豆腐屋で豆腐一丁と納豆（計三五円）を買って、総計九五円が毎日の夕食だ。これで作るくずハムもやし炒《いた》めに、豆腐のみそ汁、納豆とご飯が毎日変わることのないメニュー。電気釜から炊きたてご飯の匂いがしてくると幸福だった。

殺風景な部屋はまず、虎がこちらへ飛びかかってくる絵の「サルバドール・ダリ展」の大きなポスター、それに飽きるとノートルダム寺院を写したパリの観光ポスター、そのうちミケランジェロ・アントニオーニ監督の映画『情事』のポスターに替わった。

夕食がすむとすぐうたた寝をしてしまい、そのまま朝まで眠ってはいけないと、夜遅く終電車の去った駅に入りポスターを集めてまわった。駅貼りの画鋲は頑丈な特別製で指では取れず、持参のスプーンを使いテコの原理ではずした。

毎日金がなく、新宿や池袋の名画座で映画を観れば手元にいくらも残らなかった。親からの仕送りが届くころになると向かいの郵便局に顔を出し、自分宛の書留はないかと尋ねた。

週に二日、家庭教師のアルバイトをした。家からバイト先へ歩いてゆく坂道途中の、高級車ヒルマンミンクスが時々停《と》まる「平田」と表札のあるお宅は女優・久我美子《くがよしこ》（御主人は俳優・平田昭彦）邸。一度はお見かけすることもあるかと思ったが望みはかなわなかった。私の家あたりを境に奥は世田谷の高級住宅地になり、当時の総理大臣・佐藤栄作の私邸を見に行くと塀の囲む屋敷の三方に警官が立っていた。俳優・佐野周二邸もあると聞いた。場所はわからなかったが、家のまわりにスクリーンで見るスター俳優が住むのは、東京に居る実感を高めた。

今は演劇と音楽の町になった下北沢だが、井の頭線の明大前駅と駒場《こまば》東大前駅にはさまれて大学生が多く、東大に入った田舎《いなか》の中学の同級生を駒場寮に訪ねたこともあった。一方、新宿にたむろしていた売れないゲージツ家が流れてくる町でもあり、どうしてそうなったか忘れたが、当時アメリカのアンダーグラウンド文化の紹介者であった金坂健二氏にスナックバーで話しかけられ、酒を飲ませてもらったこともあった。

金のない身は外で酒を飲むことなどできない。たまに友達が来て畳で宴を張ったがたちまち酒はなくなり、夜十二時を過ぎると、駅近くの居酒屋の裏からそっとビールを持ち出し、空になった瓶はもともと空き瓶だったというふうに元の場所に戻しに行った。

そのころ下北沢には映画館が三つあり、封切り遅れの日本映画三本立て「グリーン座」は草履ばきでよく通った。観た映画はノートに書き、一九六七年は一一四本。グリーン座では『殺人狂時代』『大冒険』『出獄の盃』、『日本春歌考』『雌が雄を喰《く》い殺す／かまきり』『愛の渇き』、『情炎』『さそり』『ある殺し屋』の各三本立てを観ている。三本観れば一日がつぶれた。ひまだったのだろう。

南口商店街の中ほどの北沢書店にはよく入り、雑誌『映画芸術』『映画評論』は毎月買った。当時は映画批評の全盛期で気鋭の評論家の鋭い論陣は刺激になった。

そこで見つけた雑誌『総合芸術』は「発行：TAM TAM芸術集団」とあり、巻頭言は〈タムタムは創造世界のマフィアである。それは地球のいたるところに出没し、芸術家を僭称《せんしょう》するすべての衰弱と欺瞞《ぎまん》の徒を次々に狙撃しつつ、一大芸術シンジケートたるタムタム帝国の建設を唯一至上の目的とする〉とまことに勇ましく、〈われわれは軍資金がほしい〉と続き〈金銭と芸術のアウフヘーベン〉を標榜《ひょうぼう》するのが情けないというか笑わせる。

ある号の超ワイド特集「日本の啓蒙シリーズ1　日本の恐怖」は、〈乞食になるか暴力団になるか〉〈鴉《からす》になるか狼《おおかみ》になるか〉〈香具師《やし》になるか手品師になるか〉〈陰ポテン徒になるかポテン徒になるか〉〈牛馬になるか戦士になるか〉など、本気かハッタリかわからぬようなタイトルが並ぶ。

「タムタム在パリ特信員現地レポート」は〈フランスにおけるタムタムイズムの反響／パリは世界芸術の心臓部では決してないが、少なくともそこをつけば、世界の知的精神が興奮し動揺する、いわば柔らかい下腹部であることはまちがいない。そのパリで、雑誌『総合芸術』とタムタムの存在は、すでに一部のインテリに畏怖と好奇をもって知られていたらしい〉と誇示し（ほんと？）、「65年度フランス映画界の新地図／山田宏一」はゴダールもトリュフォーも新作はSFとレポートしている。

編集後記は〈なんの意気込みもない、なんの感涙もない、ましてやほっと気の休まる思いもない、ただ混迷と自己への憎悪を込めて今号を吐き出す。松本俊夫にいわれなくても「俺にとってもっとも好ましいことは、芸術なんてすぐやめてしまうことだ」なんてことは承知の上。こうなりゃ、みずからをセイノレスだと信じて疑わない狂いマイダスの無鉄砲なメチャクチャ剣法の威力を示してやる〉と鼻息も哀愁もある。

編集部は駒場にあり、志は高く金のない芸術集団がうろうろするのに下北沢はふさわしく、そこに居てまだ何者でもない私は、知的な見栄もあり前衛的な論調に飢えていた。

六〇年代は日本のデザインの勃興期で、デザイナーになる夢をもって進んだ大学だったが、その方面ではまったくレベルが低く、教授や講師は日々刺激的に発展しているデザイン界のことなど何も知らなかった。兄の入学した東京藝大をはじめ、高校同級生の入った武蔵野美大などを訪ねると活気も刺激もあり、同じことを学ぶ学生たちばかりのまぶしい環境に、やはり専門の美大でないとだめだと大いなる差を知った。

下北沢の一人暮らしに慣れてくると自分を見つめるようになり、この大学でいくら勉強して良い成績をとっても、プロのデザイナーにはなれないのではないかという根本的な焦りが消えなくなった。学校へ行く意欲は減り、改めて藝大を受験することも考えたが、そんな半端では合格するはずもなく、いつしかただの夢になった。

朝、目を覚ますと学校に行くかサボるか迷いつつ、唯一の財産である枕元のFMラジオから流れるクラシックに聴き入った。NHKの知的な女性アナウンサーによる、バリリ四重奏団のモーツァルト弦楽四重奏連続放送に、つまらぬ授業よりもこの方がよほど自分の教育になると感じ、小窓から見えるいちじくの葉をいつまでも眺めていた。

それでも授業に行かねば始まらない。小田急線を新宿で山手線に乗り換え、池袋から地下鉄に乗るが、降りるのが嫌でそのまま山手線に残り、なんとなく上野で下車。あこがれの東京藝大の門まで行ったが中に入れるわけもなく、楽しそうな男女藝大生たちをぼんやり見ていた。自分はあの中に入れなかったのだ。引き返すしかないその足で東京文化会館の音楽資料室に行き、申し込んだ大曲レコードをヘッドホンで聴きながら、何をしているんだろうと気持ちが沈んだ。聴き終えて帰る電車の中で今日も無駄に終わったという気持ちが重なった。

裸一貫、それをよしとして出てきた東京は期待どおり刺激的だったが、肝心な自分のよって立つ基盤への不安は日々の自由さなどでは消えなかった。十八歳、十九歳は一生で言えば「春」。生涯を支える何かが芽生えなければいけない季節に、自分にはまだ何もないまま時間が過ぎて行く焦燥感。危機の中にいる自覚は山のようにのしかかっていた。

ある、しんとした夜、鬱屈《うっくつ》した気持ちを抱えていると、隣の大家さんの家からきれいな尺八の音が聞こえてきた。初めは横笛かと思ったほどの美しい音色は心にしみ入り、微動だにせず耳を傾けた。大家さんとは月一度家賃を渡すほかに付き合いはなく、どなたが吹いていたのだろう。

大学を終え、就職も決まり、千葉県にある社員寮に入ることにして、この家を出るときが来た。荷物をまとめ、最後に表札の紙をとると、四隅に画鋲のあとが白く残り、なんとなく捨て難くポケットに入れたがすぐどこかへ行ってしまった。社員寮はとてもつまらなく数カ月で飛び出し、あのままあの一軒家に残っていればよかったと思っている。

今でも私は下北沢を我が町と思い、訪ねてゆく。芝居のときは「代一元《だいいちげん》」か「珉亭《みんてい》」でラーメンを食べてから劇場に入る。ときどき南口に降り、かつての「我が家」を確認し、誰か住んでいると安心してきたが、二年ほど前ついになくなり更地になっていた。

私はある同じ夢を繰りかえし何度も見る。それは、今住んでいるところとは別に、まだこっそり下北沢の家を借りていて、そこには着替えや食器があり、たまに訪ねて風を入れたり一晩泊まる夢だ。目覚めるころ、ああ久しぶりに思い出した、今日あたりちょっと行ってこようかと思っていると本当に目が覚める。

あれからおよそ三十年たったが、一軒家に住んだのも表札を出したのもあのときだけだ。私は下北沢のあの家に帰りたい。

＊

――ここまでは、下北沢を出た二十八年後に、あるところに書いた文に書き足したものだ。それから十八年、下北沢を出てからは四十六年が過ぎ、はや六十九歳となった。一生で言えば晩秋か。六十九歳となったこの春に、十八から二十二歳の私の人生の春、温かい日も寒い日もあった町を訪ねてみよう。

といっても下北沢はつねに来る町になっていた。目的の一つは演劇だ。三つあった映画館はなくなったが、代わって一九八二年に本多《ほんだ》劇場ができて以来、今や、ザ・スズナリ、駅前劇場、ＯＦＦ・ＯＦＦシアター、「劇」小劇場、小劇場楽園、シアター７１１、小劇場Ｂ１と、じつに劇場が八つ、他にもいくつかの小屋がある一大演劇の町になった。本多劇場のこけら落としは唐十郎作『秘密の花園』で、下北沢に住んでいたころから新宿・花園神社の紅テント公演で唐十郎作品を観ていた私は、それが本格劇場の「板に乗る」とどうなるだろうという気持ちで観に行ったのを憶えている。

下北沢を出て銀座に勤めるようになってからも演劇はまめに観続けていた。渋谷の教会地下のイベントスペース「ジァン・ジァン」を公演場所としていた「劇団東京乾電池」は毎回観るうちに、座長の柄本《えもと》明さんらと知り合いになりポスターデザインを頼まれるようになった。条件は、デザイン料はタダ、公演後の打ち上げ御招待という願ってもないもの。初仕事、一九八四年の第23回公演『すすめられた座布団』（本多劇場）の千秋楽打ち上げは、劇団創立メンバーの一人でこの公演の作・演出でもある高田純次さんが「本公演より張り切って準備した（本人談）」寸劇を披露して、やんやの喝采を浴びた。

以来、芝居を観ては打ち上げに顔を出す、が続き、会場は決まって〝下北沢一安い〟居酒屋「ふるさと」の二階だった。御招待とはいえ劇団が貧乏なのは知っている。わずかばかりの御祝儀と一升瓶を提げて参加する席はおもしろく、酌に来た若手に芝居の感想を言うが、彼らは儀礼的な「おもしろかったよ」ではない本音「本当はどうでしたか?」を聞きたがり、酔わないうちに真剣に感想を整理しておくのは、その後芝居を観るときの習慣になった。会社に勤めながらも、仕事と何も関係ない、こういうことをしているのは自分の救いになった。これが本来の自分と思いたかったのかもしれない。

南口の階段を下りると、さあ我が町に戻って来たという気持ちになる。日比谷の大劇場の商業演劇、新宿のホール公演の新劇に比べ、小劇場中心の下北沢は、俳優出身の本多一夫が自らの名を冠して演劇専門の民間劇場を建てたことでもわかる、最も〝演劇バカ〟度が高いところで、今舞台にいた役者がしばらく後に居酒屋で飲んでいるのが普通。私は大いに気に入り、「我が町」がそうなったことがとてもうれしかった。芝居だけでなく、ただ単純に酒を飲みに来る、なじみのバーもできる、古レコードを買う。下北沢はしばらく行かないとそれを理由に行く町になった。昔の自分に帰るためにそこに行く。

今、下北沢駅は小田急線地下化で大変貌中だ。北口、南口をまたぐ二階高架の改札は必要なくなり、そのままずっと階段なしで南口に出てしまうのはもの足りないが、出たすぐそこが人のあふれる商店街なのは変わらない。個性的な洋服屋、古着、雑貨、靴、ゲーム、CD、カラオケ、パチンコ、そして居酒屋、カフェ、焼肉、バーなどあらゆる種類の飲食店が密集するが、新宿歌舞伎町のような治安の悪さや風俗のにおいは全くないからりとした若さが特徴だ。どこから聞きつけたのか欧米人旅行者らしきがとても多い。若い世代のカウンターカルチャーを敏感に感じとるのは世界共通なのだろう。

ここに居をかまえた最初の日に鍋を買った「澤田屋」は今も健在で、同じものを売っているのがうれしい。その先の角、いか天そばをよく食べたそば屋はずいぶん前に「ミスタードーナツ」になった。

下りきった六差路の庚申堂はそのままに、誰の手になるのか千羽鶴が飾られている。南口は三差路、五差路が多く、複雑に迷路化して車を入れなくし、常時歩行者天国状態が町に人くさい活気を生む。その数メートル先の銭湯だったところは「餃子《ぎょうざ》の王将」。向かいの八百屋、酒屋は趣味的な衣料品やブックカフェに変わり、向かい角の花屋はそのまま。世田谷代沢郵便局前の、大家さんだった化粧品店は「Ｌｉｖｅ　Ｂａｒ　４４０」、地下にできたライブハウス「ＣＬＵＢ２５１」には、これでもかとビラが貼られる。我が家の専用路地は空調機置き場になっていたが、わずかに地面が残り、そこに咲く白い草花をしばらく眺めた。この場所で十八歳からの四年間を寝起きしたのだ。

表の茶沢《ちゃざわ》通りは三軒茶屋《さんげんぢゃや》に続く。信号「代沢三差路」は正確には五差路で、昔はこのあたりは何もなかったが、今は古家具、カフェ、モダン骨董《こっとう》、小体な居酒屋などがある。その先はあまり行ったことがない、すこし歩いてみよう。

代沢小学校の手前を左に入った静かな住宅街にある森巖寺《しんがんじ》は天を突く保存樹の大銀杏《おおいちょう》の若葉が滴るようだ。大銀杏の幹は、境内の淡島《あわしま》幼稚園の子供が囲むには十人は必要だろう。〈昭和一一年四月三〇日之建　大東京和服裁縫教師會〉とある大きな石碑「針塚」は古来針供養の場所で、施灸《せきゆう》とともに著名であったと解説がある。狛犬《こまいぬ》の銘は文化六年だ。門を入って左手の淡島堂の伽藍《がらん》には、鎧《よろい》姿で弓を手にしゃがむ若武者が鳥を見る絵額が上がる。幼稚園児が帰った後の境内で、若い女先生が一人、鯉《こい》のぼりの支度をしていた。

寺の山門前はここも三差路で、向かいは緑ゆたかな庭に枝折戸《しおりど》が迎える立派なそば屋だ。茶沢通りにあった高名な「小笹寿司《こざさずし》」も一つ奥の通りで新しい店になっている。駅周辺の活気とはまるでちがう静かなこのあたりに住み、そういう店に顔を出す生活もあるか。

その先の北澤《きたざわ》八幡宮では大勢の子供たちが走りまわっている。石段を上がった、松の絵を背にした能舞台の前の広い境内で、男の子三人が拾った枝を空に放り投げて遊んでいる。「ちょっとかしてみな」と「一、二」と盛大にはずみをつけ、「三」と思い切り空高く投げ上げると、走って受けに行き「もう一回やって」とせがむ。

下北沢にこんな閑静な神社があるとは知らなかった。昔住んでいたころ、家から「さあゆくぞ」の気持ちで駅に行き、帰ってくるのは、何かに身構え、それを自分のものにしなければと迫られる日々だった。今はもうそういうものはない。その気持ちが神社に落ち着きを感じるのだろう。若くてはわからなかったことだ。

光は西陽《にしび》になってきた。ぼちぼちなじみの居酒屋に行こう。

茶沢通りのすぐ東に並行して、家並みの間を蛇行しながら続く遊歩道は元は用水路だったか、両側は今を盛りとつつじが満開、花水木も白や赤の花をつける。表の茶沢通り側ではなく、裏のこちら側を玄関にした小さな酒亭はよさそうで、こんど入ってみるか。

南口に戻り、かつての大マーケットがどうなったのか気になっていた北口にまわると、広大な更地になり、囲むフェンスに懐かしい昔の北口の写真と説明がある。〈下北沢駅1927年（昭和2年）、小田急線開通と同時に開業。路地が複雑に入り組む街で、上には京王井の頭線（かつての帝都線）、下には小田急線の線路が斜めに交差していました〉。

すべて撤去されたかに見えたマーケットだが端の数軒は健在だった。〈AMERICAYA　SINCE1953〉と看板を掲げる「下北沢アメリカ屋」、「川魚貝類専門店ナガヌマ」、八百屋、角の乾物屋も昔のままだ。大きな鮮魚店だったところは全面オープンカウンターの焼鳥居酒屋になり、ここに半身に座って表を見ながらのコップ酒はうまいだろうな。

南口に戻った角に劇場の公演ポスターがならべて貼ってある。本多劇場は風間杜夫《もりお》のコメディ『バカのカベ～フランス風～』（加藤健一事務所）、ザ・スズナリは楽園追放風絵柄の『夜が明けたとしても…』（劇団離風霊船《りぶれせん》）、OFF・OFFシアターは漫画タッチの『俺達なりの、旅。』（グラウンド02）、駅前劇場『モナークス、王を縛る』のコピーは〈電動夏子安置システムの最新作にして、滑稽極まりない君主論〉、「劇」小劇場の『さらば愛《いと》しき楽屋よ』（劇団S・W・A・T！）はハードボイルド風の主人公が楽屋であぐらをかいて煙草《たばこ》に火をつける劇画ポスターが傑作だ。

どれも皆おもしろそうだ。私は気づいた。これを観にまた下北沢に帰って来よう。若い日の懊悩《おうのう》はもうなくなった。下北沢は若い人の町だが、若い心をもつ中高年の町でもある。町中には赤いスタジアムジャンパーや細身のジーパンが似合う初老が元気に歩いている。

さて、そろそろ一杯だ。

北口の「両花《りようはな》」は、何年も通っている大人がゆっくりできる居酒屋だ。

それまでは何もなかった舞台に数時間後は大きなものが生まれている演劇は、観終えてもすぐ現実に戻れず、感銘を吐き出す場所が必要だ。私はよく一緒に行く演劇雑誌の編集長と、観終えた後ここでその舞台の総括を行うのが慣例となった。

「こんにちは」

「いらっしゃい」

最近「下北沢ビール」という地ビールができて、これがなかなかうまい。ラベルの踏切信号の絵は、少し前になくなった下北沢を南北に分けていた小田急線の「開かずの踏切」をイメージしたのだろう。カンカンと鳴る信号を聞きながらぼおっと立っている時間は「無の時間」として案外良かったような気がする。時々立ち止まることは必要だと。

「下北沢周辺の、二十いくつかの店にしか置いてないんですよ」

「日本一少ない地ビールだな」

　頭を剃《そ》りあげた主人はTシャツの胸板が厚い。今六十歳というが現役のサーファーで、年中湘南《しょうなん》や千葉に乗りにゆく。日本のサーファーは加山雄三さんあたりが第一世代、僕らはそれに次ぐ第二世代と言っていた。いつか下北沢の良さを尋ねるとしばらく考え、「人と出会う町」と答えたのは、我が意を得た気持ちがした。

「焼油揚げね」

「はい、角野《かどの》流」

　ずいぶん昔ここのカウンター隅で、観劇を終えて一人飲んでいる俳優・角野卓造さんを見かけて挨拶してから懇意となった。角野さんは〈焼あぶらげ〉を好み、添えられた白髪葱《ねぎ》を別皿にとって醤油《しょうゆ》をかけまわしてしばらく置くと粘りが出てくる。それを乗せて食べるのが角野流で、私も真似《まね》をするようになった。ここでは柄本明さんや佐藤B作さん、菅原大吉さんなど、下北沢派の役者たちと何度も飲んだ。平田満《みつる》さんが来て合流したこともある。そういうことがとても楽しい。

十八歳で上京して最初に一人で住んだ下北沢は、私のその後の生き方の基礎になった。好きなものに興味をもち、その方面の人と知り合ってゆく。それがおきる町のよさは今も変わらない。私の人生年齢はもはや晩秋だが、この町に来れば「春」がある。

「私は下北沢のあの家に帰りたい」

下北沢を出た二十八年後に書いた文の結語は、その十八年後の今、また使える結びになった。

夏・佃

東京で最も好きな風景は隅田川の鉄橋だ。

大正十二年の関東大震災後の帝都復興事業として、下流から相生《あいおい》・永代《えいたい》・清洲《きよす》・蔵前《くらまえ》・駒形《こまがた》・言問《こととい》の六橋が架かり、さらに東京市により両国・厩《うまや》・吾妻《あずま》、次いで東京府により白髭《しらひげ》・千住《せんじゅ》大橋、最後に最河口の勝鬨《かちどき》橋をもって隅田川十二橋が完成した。

「強くて美しい」をモットーに異なるデザインを採用しながら、他の橋との調和を考えた隅田川橋梁《きょうりょう》群景観をつくり、二〇〇七年に勝鬨・清洲・永代の三橋は国の重要文化財に指定された。かつて勝鬨橋をキング、清洲橋をクイーン、永代橋をジャックに喩《たと》えた文を書いたことがある。

信州の山奥に育った私に、川は瀬音を立てる浅い急流のことで、一〇〇メートル以上もある川幅いっぱいに満々と水をたたえて汽船が往来する大河を見たことはもちろんなく、ましてそこにかかる壮大な鉄橋も。上京してその橋の真ん中に立ち、川で左右まっ二つに分かれてどこまでも茫漠《ぼうばく》と広がる風景に、東京の広さと我が身の孤独を感じたのだった。

夏のある日、勝鬨橋を渡って佃《つくだ》方面に行ってみよう。

昭和九年、東京市は昭和十五年の皇紀二六〇〇年に合わせた万博と東京オリンピックの誘致に成功。そのための海の玄関として勝鬨橋が計画された。しかし国内外の戦争への予感から開催は中止され幻に終わる。関東大震災の帝都復興事業の総決算でもある勝鬨橋は、七年の歳月をかけ、オリンピック開催予定だった昭和十五年に完成した。

橋は中央部がハの字に開き上がる跳開橋で、その開閉は一九七〇年が最後だった。千葉泰樹《やすき》監督の映画『東京の恋人』（一九五二年）は、月島あたりに住む原節子が勝鬨橋を渡って銀座並木通りで似顔絵描きを始め、三船敏郎の紳士もからむ偽ダイヤ事件にまきこまれる風俗映画で、勝鬨橋の開閉が映っていた。川島雄三監督の名作『洲崎《すさき》パラダイス　赤信号』（一九五六年）の冒頭とラストは、気の弱い三橋達也と勝ち気な新珠《あらたま》三千代が別れる別れないの腐れ縁を勝鬨橋で演じていた。

銀座側たもとの「かちどき　橋の資料館」に入り、橋脚内見学ツアーの児童とお母さんのグループがヘルメットとハーネスの重装備で説明ビデオを見ている後ろに私も座った。

勝鬨橋は全長二四六メートル。中央可動部は四四メートルで、各二二メートルの橋床が七十秒で「ハ」の字七〇度に開く。可動橋の多いアメリカの協力も断りすべて日本人の手で設計施工、戦後のアメリカ進駐軍はこれが日本人だけの手で造られたことを信じなかったという。

お母さん方はそうでもないようだが、児童の興味は跳ね上げの仕組みだ。可動する橋床の端の重し（カウンターウエイト）につけた歯車を主動歯車がゆっくり回すと、橋床がしずしずと上がってゆく。橋床重量とカウンターウエイトは軸を挟んでバランスがとれ、案外軽い力で動く「テコの原理」だそうだ。主動歯車は電動モーターで回り、交流を直流に換える発電機が備えられている。橋床が開いた間を巨大な帆船がゆっくりと通過する完成当時の記録映像が優雅だ。

資料館を出て外の橋たもとに立つと、高さ四メートル余りの末端から空へ延びてゆく橋梁の大アーチがダイナミックだ。離れて見ると歩く人がとても小さく、巨大さが際立つ。鉄板に打ち込まれた無数の鋲《びょう》打ちは職人の手仕事を感じさせ、銀色塗装がまぶしい。真ん中あたりは橋の揺れを感じる。そのはずでそこはつながっておらず、両側から鉄板がぎざぎざに嚙《か》み合うわずかな隙間から水面が見えて高さがわかり、見えるとなお揺れを感じるようだ。両側歩道の石の高欄はえんえんと長く、橋脚の運転室のところでゆるやかに外にカーブしてふくらむ。

　そこに立ち、河口を眺めた。右の築地市場《つきじしじょう》はまもなく移転の予定ときく。東京湾を望む広い風景は気持ちを開放させ、やはりここは東京で一番よい場所だ。いつだったか夏の俳句会で力士が隅田川を渡ってゆく光景を考え、本来なら両国橋だが勝鬨橋のほうがゲンがいいかなと迷ったことがあった。夕方、銀座から勝鬨橋を経て月島、佃の居酒屋に入り、また歩いて夜の勝鬨橋で暗い川面《かわも》をしばし見てから、ネオン明るい銀座のバーに戻るのは、東京で最もよい夜のコースとなった。

　かつて月島側の橋たもとに木造二階家の居酒屋「ヤマニ食堂」があった。仕事を終えた銀座から橋を渡って時々飲みに来る広い店内は二階座敷まで品書きビラが埋め尽くし、隣の築地の魚貝は保証付きで〈青柳《あおやぎ》つけ焼〉というものがうまく、冬は鍋がよく出て酒飲みでにぎわっていた。一九九六年、近隣を統合したビルに居酒屋「やまに」として新しくなり、訪ねると、主人は「あの店の方がよかったと言う人がいますよ」と苦笑し、きれいになった店に抵抗するように、やはりビラが壁を埋め尽くしているのがうれしかった。

　そこから左に折れると月島川にかかる小橋、西仲橋《にしなかばし》だ。右隣の月島橋との間は小舟の船だまりで、ときおり魚がぽちゃりと一尺も跳ねとび水面に輪をひろげ、やがて静まる。

左手の船だまりではヘルメットに全身防水服の男が肩まで川に入り、舟に乗るための渡し板を支えるパイプを水中に立てる作業中。その先は隅田川の月島川水門だ。こういう水辺の風景は私には珍しい。

＊

信州から上京して下北沢、学芸大学、千駄ヶ谷などを転々。六本木に住むようになったときは上京から十五年ほどが過ぎていた。東京の生活にも慣れ、地理もおよそ見当がついたかなと感じるようになったそのころ、ある用で月島に行くことになった。銀座の会社で宣伝デザインという仕事柄、足が向くのは銀座の西ばかりで東は知らず、当時は地下鉄もなく行き方のわからないまま歩いてしまえと銀座から勝鬨橋を渡った。そのときの大鉄橋と広い川は初めて見る東京だった。

渡った月島は木造二階長屋が狭い路地をはさんで何棟も続き、二階物干し台の竹竿《たけざお》には洗濯物がひるがえり、空き地ではランニングにパンツ一丁の子供が三角ベースで遊ぶ。川ひとつはさんだだけの銀座のすぐ隣に、戦後と変わらないままの風景があることに驚いた。

今はもんじゃ焼屋ばかりになってしまったが、佃島に向かう西仲通りは、八百屋、魚屋、肉屋、総菜、レバーフライ、酒、薬局、本屋、クリーニング、銭湯「月島温泉」もある商店街で、その中ほど「酒」と大書した紺暖簾《こんのれん》の大衆酒場「岸田屋」に入った体験が、後に居酒屋本をいくつも書くきっかけになったという話はあちこちに書いた。

そのころはまだ先代主人の岸田さんが店に立ち、ここは大正時代のお汁粉屋が始まりで、戦中に当局要請の国民酒場になり、戦後そのまま居酒屋になったと話した。当時の月島は石川島播磨《はりま》重工の工員が多く、喧嘩《けんか》沙汰の仲裁ができないと商売にならなく、酒の肴《さかな》はシャコで殻が床にたまった。先代は亡くなられたが、手伝っていた〝月島のジャンヌ・ダーク〟と呼ばれた美人の娘さんが続け、それもあってか、下町酒場ブームか、以前そちら方面に出かけた帰り、久しぶりに入ろうかと開店すぐに行くと満員のうえ二十人近くが外に並び、あきらめたことがあった。

青山だの六本木だの、しゃらくさい所でしゃらくさい業界人とばかり飲んでいた私にこの大衆酒場は時代遅れのものにも良さがあると気づいた最初、などと本に書いたが、それは要するに昔の東京の発見だった。以降、古い東京とそこの大衆居酒屋を求めて隅田川東の下町に足を向けるようになってゆく。『日和下駄《ひよりげた》』だ。実際、会社をやめて構えたデザイン事務所は、かつて麻布にあった荷風の偏奇館から近かった。大兄とちがい浅草のきれいな踊り子と縁がなかったのは残念ではあるけれど。

西仲通りは佃島・住吉《すみよし》神社の祭提灯《ちょうちん》が連なり、例大祭奉納者御芳名掛け台の支度をしている。台は町会別にいくつも立ち、多額から最後の千円まで平等に額と名が明記されるのがいい。住吉神社例祭・佃祭は毎年八月六日・七日に行われるが、三年一度の大祭は土日をふくむ四日間で今年はその年だ。その祭の始まる前を見にやってきた。

＊

祭には思うことがある。長野県の中学校教師をしていた父は県内の学校をいくつも転任し、家族も一緒で私も転校を余儀なくされた。子供のことだから時間さえたてばすぐ学校にも慣れたが、決定的な疎外感を感じたのは村祭だった。

村祭は地元だけのもので氏子ではない我が家は関係なく、田舎《いなか》では学校の先生は一応名士で何かの時は呼ばれるが、祭の寄り合いや神事には役割もないかわりに呼ばれることもなく、子供だけの行列行事や子供神輿《みこし》も声はかからなかった。

地元の子は、祭には県外に出ていた兄や姉も帰省し、小遣いももらい、子供浴衣《ゆかた》に着替えて露店の並ぶ神社をうろうろする夜遊びができた。私も行きたかった。みんなと子供行列にならびたかった。あるとき、どうしてもとねだって出かけ、ああいうものは不衛生と言う母にテコでも動かないと買ってもらった綿あめの味を忘れない。

もうよい年齢になってから地方を旅した夜、たまたま小さな祭に出会い、神社参道に並ぶ露店を歩く親子や金魚すくいにしゃがみ込む子供につい顔がほころび、綿あめ屋に昔を思い出し、自分には根についた祭はないのだと淋《さび》しさをかみしめた。

東京に住んで四十年も過ぎたころ、東京の祭はいつも新聞で見るばかりの、それこそ「後の祭」で実際に出かけたことはないと気づき、ある年思い立って、浅草三社祭、神田祭、深川八幡祭をたて続けに見て回った。その規模はまことに大きく、観光化もしていて驚いたが、所詮こちらは見物人でしかなかった。

私が感じ入ったのは佃祭だ。

佃のタワーマンションに仕事場を持った友人は東京の生まれではないが下町好きで、町内に知り合いをつくり、祭の夜には呼ばれるようになった。ある年の祭に彼に誘われ、初めて佃島に出かけた。

佃島は隅田川が東京湾河口手前で二つに分かれる三角州の北の一角で、天正十八（一五九〇）年、徳川家康が大坂佃島の漁夫三十三人を連れて来て漁業を始めさせたのが名のおこりだ。佃島漁師は冬から春にかけて江戸前の白魚を独占的に漁獲し幕府に献上。また小魚を甘辛く炊き「佃煮」と呼ばれた。

訪ねた佃はどこから来るにも大きな川を渡らなければならず、それゆえ地域が明確で狭く、際限なく広い浅草や神田とちがい田舎の村祭を思い出させた。押し合いへし合いの人出はなく、地元の古老や若いのが祭半纏《ばんてん》に団扇《うちわ》であちこちにたまる。露天商もそれほど多くなく、小若半纏や金魚のような浴衣の子供が走り回っても見失わない。昼間からの祭酒は往来に置いた長机で、玄関先のござに車座で、戸をすべて外して通りから丸見えの座敷でと、思い思いだ。押すな押すなの大群衆に警官がピーピーと笛を吹き続け、神輿の担ぎ手が見栄まじりに興奮する叫喚とは違う、地元だけののどかな祭風景だった。

友人が待つお宅は、染色・しみ抜き・洗い張りなど着物のすべてを扱う三代続く悉皆《しっかい》屋で、間口二間《けん》から奥に深く、突き当たりの急段から二階にあがる典型的な下町木造商家だ。玄関かまちに続く細長い座敷は、酒や小鉢の長机に向かいあって座る客でぎっしり埋まり、出入りはその膝をまたがなければならない。主人に紹介されて手土産《てみやげ》の缶ビールを渡し「先生そこそこ」と無理やり開けてくれた座は友人の隣ではなく、祭半纏や浴衣、鯉口《こいぐち》にステテコの人たちは誰も知らないが、主人の認めた客としての好意の目がうれしい。

そして団扇片手にいろんな話をした。祭の間はどこの家も無礼講で、通りがかる人がちょいとのぞいて上がり込み、「まあ一杯」と二、三十分も座るとまた出て行く。若いのは若いの同士で玄関先や外の腰掛けだ。祭の間、家の主人は朝から夜おそくまでこうして座り続けて相手をする。とはいえ「いや昼過ぎは二階でちょっと昼寝しますがね」と言うのがいい。祭の料理はどこの家も煮染《にし》めに赤飯と決まっており、酒は適当に祝儀が来る。加えてその家は町屋の煮込み屋から大鍋で運んだ煮込みを出していた。町内会の役員が「今年もどうもどうも」と挨拶に来る。悉皆屋は大量の祭手ぬぐいの用意が役目、当日が近づくと手ぬぐいで仕立てた威勢のよい鯉口が売れて忙しい。

これだ、これこそが祭だ。祭に来ても神輿や人群れを見て帰るだけでは外部の見物人。地元の知り合いの家に上がり込んで一杯やってこそ自分も参加した祭になる。私は非常に気分がよくなり、上京して数十年、初めて東京の人間になれた気持ちがしたのだった。

＊

以来、佃は時々足を運ぶ所となった。今日も少し歩こう。

夏の午後、閑散とした通りは車一台通らず、いったいにこのあたりは自動車は必要ないようで駐車場も見当たらない。戦災にも残った重厚な瓦屋根の関東出桁《だしげた》造り二階家が続く。間口二間ながら堂々たる一軒は七、八年前「江戸家」という居酒屋になり、漁師料理〈なめろう〉はちゃんと木の葉に型押ししてある。隣のイオニア式柱頭のエンタシス柱に優雅なカーブのバルコニーが美しい疑似洋館はなくなっていた。数少ない飲食店のうち白暖簾の「亀印うどん食堂」は変わらず、以前ここで食べたうどんは期待通り普通だった。

二階以上の外壁を銅板で葺《ふ》いて鮮やかに緑青化した、いわゆる「看板建築」の商店は、関東大震災後の防火とモダンをかねそなえたものだが、銅板の貼り方に亀甲《きっこう》や麻の葉など江戸前が入るのが粋だ。「石油油脂雑貨　中島商会」は二階にバルコニー手すりを設け、三階は神殿風銅葺きのまさしく看板で屋上の物干し場を隠す。

民家の間の人ひとり通れるだけの路地あちこちに今も健在の手押しポンプ井戸は毎日の洗濯や漁具の海水を洗うのに使われ、まことに懐かしいが、一転見上げた先は超高層タワーマンションが林立し、広重《ひろしげ》が現代にいれば絶好の浮世絵に仕上げただろう。

家並みを抜けた通りに大きな銭湯「旭湯《あさひゆ》」がある。漁師町に銭湯はつきもので、佃は船だまりの橋たもとに「日の出湯」もある。夏の散歩の汗を流してゆくか。

大人（十二歳以上）四六〇円。番台には白肌着の男が一人。午後三時に老人客が多いけれど、寿司《すし》職人か、これから仕事らしい刈り上げ壮年の男もいる。天井高く広々した風呂場のペンキ絵は「瀬戸内海　２０１０・７・１０」と絵師のサインがあり、上だけ見える女湯は富士だ。

さて……あちちちち。熱い、あっつい。これはとても入れないなと足だけ浸けてしばし呼吸を整え、ウウウと肩まで沈めたが一分もたず脱兎《だつと》の如《ごと》く上がると首から下は真っ赤だ。ふうっとカラン前で休んでいると、真っ白な頭ながら筋骨残る老人がこともなげにざぶりと沈む。『ビジュアルブック水辺の生活誌／佃に渡しがあった』（写真：尾崎一郎　文：ジョルダン・サンド、森まゆみ／岩波書店・一九九四年刊）に、佃祭にここぞと全身刺青《いれずみ》勇み肌のふんどし一丁で往来を行く男の写真があったが、いま湯にいる古老の肩にも小さな桜花の刺青が見える。熱い湯に沈んだ桜は紅の色を濃くするかもしれない。

住吉神社境内は来週の祭に向け、職人が庭木や社の手入れ中で掃き清められていた。解説板を読もう。

〈住吉神社は江戸初期に、摂津国西成郡（大阪市）佃村の漁民が江戸に移住した後、正保三年（一六四六）に現在地に創建された佃島の鎮守です。当社は、創建以来、佃島の鎮護のみならず、水運関係の人々から厚い信仰を受けてにぎわいました。水盤舎は明治二年（一八六九）に再建され、同四十四年に改築されました。欄間は明治二年再建時のものを使ったと推定されています。欄間の正面には石川島の灯台と佃の渡し、側面には帆をはった回船や網をうつ小舟、背面には磯《いそ》の景色、また内側にも潮干狩など佃島の風景が彫られています〉

説明どおり欄間彫刻の渡し舟の艣《ろ》の漕《こ》ぎ手の腰は深く入り、網をうつ一瞬前の手さばきに緊張が見える。梁《はり》の腕木の、逆巻く浪《なみ》をくぐり泳ぐ鯉の透かし彫りがみごとだ。

その奥に玉垣に囲まれて巨大な石塚「鰹塚《かつおづか》」も建つ。

〈鰹節問屋は江戸時代から、住吉大神を生業繁栄の守護神として奉賛してきました。神社建築では、棟木の上に鰹節に似た円柱状の飾り木「堅魚木《かつおぎ》」が横に並んでいます。（……）東京鰹節類卸商業協同組合は鰹の御霊に感謝慰霊の意を込め、また豊漁を願い、昭和二十八年五月「鰹塚」をここに建立しました。表面の揮毫《きごう》は日展審査委員で組合員・鰹節問屋「中弥」店主でもある山崎節堂氏、裏面の碑文は慶應義塾大学名誉教授・池田彌三郎氏によるものです〉

鰹節問屋の書道家と、べらんめえの江戸っ子を自認した教授は適役だったといえよう。

正面拝殿の緑青屋根には確かに七本の堅魚木が均等に並び、両端は千木《ちぎ》、その背景は高層タワーマンション群だ。

ぱんぱん。柏手《かしわで》は来週の大祭の成功と東北復興祈願。前回は東日本大震災の年で自粛され一年後に行われた。今年はそれから三年だ。

脇の神輿蔵では関係者らしき人が八角神輿を点検中で「まあ壊れたら、壊れたときさ」の声が聞こえる。今年は住吉神社鎮座三百七十年、家康公薨去《こうきょ》四百年の節目にもあたり、天保九（一八三八）年、芝大門《しばだいもん》・万屋利兵衛制作以来百七十年以上使われてきた古い一基に家康公御霊を奉遷して再び担ぎ出し、二〇一一年、八丁堀《はっちょうぼり》・秋山三五郎制作で新調した一基と併せて二基で巡幸する。また一九六二年まで続いていた海中渡御も復活する。両神輿は内部も漆で密閉され海中渡御に備えてあるそうだ。

船だまりの小さな朱塗り太鼓橋「佃小橋」脇には、祭の幟《のぼり》柱《ばしら》を支え立てる「抱木《だき》」が組み上がっていた。身の丈よりはるかに高い、古老の深いしわのような年季が入る大角柱三本の根元を地中に埋め、横桟を閂《かんぬき》に通して締める。金物は一切使われていない。幟柱と抱木は普段は船だまりの泥に沈めて保管され、祭前の干潮時に佃住吉講総出で取りだし泥を洗う。祭が終わるとまた泥深く埋設する。これが老朽化しない方法なのだそうだ。脇には長さ一〇メートルほどの丸い幟柱も麻袋に縄巻きされて横たわる。六カ所に立てる大幟は寛政十（一七九八）年に幕府の許可を得て以来の伝統で、帆立てや結びの漁師技術が生きるという。大幟柱建ては明朝八時だ。

橋たもとの祭囃子《ばやし》の葦簀《よしず》小屋も、神輿や獅子頭《ししがしら》を安置する小屋も立ち、関係者が一服している。「仕立船・乗合船・屋形船　佃折本」隣に、ひときわ大きく「壱部世話人大若衆詰所」の札がある。子供神輿の安置所は千鳥屋根のかぶる板戸組み立て式の本格で、上の風通しからのぞくとすでに小ぶりの神輿が安置されている。

私は佃に祭の前の昂揚《こうよう》を予想したが、のんびりと準備を楽しんでいるようだった。

＊

およそ一週間後に訪ねると一変していた。各家には祭提灯が並び、白い四手《しで》（紙垂）のさがる注連縄《しめなわ》が軒をつなぐ。一文字の天地が二メートルもあろうかという格調ある古典文字の「住吉神社」大幟は空高くはためき、船だまりの葦簀小屋には深紅の獅子頭が青い榊《さかき》を扇の要《かなめ》にいくつも並んでお神酒《みき》が列を成す。神輿安置所両側の椅子は不寝番が朝まで座る所だ。佃小橋たもとで始まった佃囃子は、太鼓にあしらう千鳥笛を波音に見立てて佃情緒をあらわすそうだ。

界隈《かいわい》は祭半纏にふんどしの若いの、きりりとまとめた髪に手ぬぐい細巻鉢巻が威勢よい女衆、浴衣に白足袋《しろたび》の長老、鉢巻に赤い鯉口、黒い腹掛の完全祭支度の子供が可愛《かわい》い。露天商は佃小橋にも並び、路上は堂々とシートを広げ、座り込んで祭酒だ。

缶ビールを提げて訪ねたいつものお宅はすでに面子《メンツ》がそろっていた。「そんなんじゃだめ、これ着な」と友人が渡す佃島の字を散らした鯉口に着替えると気分も高まる。キューッとあおるビール、赤飯がうまい。

猛暑も少し陽《ひ》が傾き、間口いっぱいのガラス戸から、往来を行くへとへとになったずぶ濡《ぬ》れの祭姿の男女を「お、いい女だ」「どれどれ」と見ているのはいいものだ。そこに新佃の町内神輿が練り込んできて、のんびり構えていた七十歳過ぎの主人は「おい、担ぐぞ！」とそのまま裸足《はだし》で飛び出し、奥さんが半纏を手に追い、私も走り出た。わっしょいわっしょい、祭は最高潮だ。夏の祭は盛大な水掛けがつきもの。「一分間は担げなかったな、ああ満足だ」と戻った主人は二階に上がり、弁慶格子鯉口に着替えて下りてまた座った。

神輿にぞろぞろついてゆくのではない。神輿は向こうからやってきて家の前を通るもの。そこにすかさず飛び込んで肩を入れる。そしてさっと着替えてまた祭酒。これが祭だ。私は非常に気分がよい。

「太田さん、三年後も来てくださいよ」

祭をもつ東京っ子になったような、なによりうれしい言葉だった。

秋・神保町

中高年男の町、神保町。

古書店巡り、昔ながらの喫茶店、中華・カレー・洋食など安心できる食堂、服も気軽なジャンパーに肩掛けカバンでいい。

銀座はこうはゆかない。身なりもそれなりに、ちょっと店をのぞくのも覚悟が必要。銀座に本屋は少なく、あるのは高級ブランド店ばかり。食事するにも緊張感がある。

神保町を歩く女性をあまり見ない。古書店の客は男ばかりだ。女はいろんな店のしゃれた料理を食べ歩くが、男は目立たぬ店でいつも同じものにする。逆に女性は銀座が好きだ。女はショーウインドウの服に目を向けるが男は興味がない。

新宿の盛り場をぶらぶらしても始まらないし、渋谷はわけのわからない若いのばかり。浅草は観光客扱いされる。結局ひまな中高年男は、多少の知的好奇心を満足させ、確実なものが食べられて金のかからない神保町だ。私もまったく同じだ。還暦を過ぎてから神保町は我が町になってきた。

＊

深まりゆく秋の神保町。地下鉄出口〈A7＝三省堂書店《さんせいどう》・書泉《しょせん》グランデ・書店街・神保町一〇一ビル・スポーツ用品店街・駿河台《するがだい》日本大学病院・神田神保町一丁目・神田小川町《おがわまち》三丁目・神田すずらん通り〉の階段も最近は息が切れるようになってきた。上がって左に戻るかたちの小路に巨大なモミの木と大きなトーテムポールのある丸太小屋風の喫茶「さぼうる」は昭和三十年開店。隣は寿司《すし》「六法《ろっぽう》」。その隣は通りに面してレコードを並べたジャズ喫茶「ＢＩＧＢＯＹ」。

より奥の小路の赤煉瓦《あかれんが》が重厚な喫茶「ラドリオ」は一九四九年開店。店名はスペイン語の「煉瓦」、日本で初めてウインナーコーヒーを出したとか。看板に〈コーヒーと世界のビールとタンゴコレクション〉とある「ミロンガ」は一九五三年開店。どの喫茶店も自分と同じくらいの歳《とし》だ。

もとの小路へ戻ると「お食事処《どころ》ふらいぱん」、隣は大盛りで有名な中華「徳萬殿《とくまんでん》」だが〈お客様の励ましとお力添えがあったればこその六十年間でした（……）〉の閉店貼り紙がある。その隣「芝本和本製本」は出版の町らしい。「元　鶴谷洋服店」とある二階建てビルは上部の装飾が古い。神保町には戦前のものらしい小ビルがまだ少しあって建築好きは見逃さない。

そこから右に折れた左右がすずらん通りだ。明治三十九年創業「揚子江《ようすこう》菜館」の〈五目焼きそば〉はおいしく、神保町交差点「新世界菜館」の〈五目そば〉といつも迷う。いま肩に掛けているカバンは左に行った「大野カバン店」で買ったものだ。向かいは額縁の「清泉堂」。このごろ古書店で明治の浮世絵の複製をよく買うようになり、ここの「桜三角四つ切」という額縁が愛用だ。裏通りにあった小さな居酒屋「人魚の嘆き」は、バイトの女子大生がマスコミや出版社に就職することで知られていた。近くの毎日新聞社に内定した娘が、客で来ていた同新聞論説委員と何やら話している楽しい場面を見たことがある。彼女は神戸支局に決まったと言っていたが、どうしているだろうか。

すずらん通りの真ん中は、通りに向けて新刊をずらりと並べた「東京堂書店」だ。新刊を見ることは、時々の文化動向を知ること。ただし見るだけ。

私の蔵書はついに置き場がなくなり、数カ月前古書店を呼んで一部を処分した。本は関心の集積、精神の遍歴史でもあるなどと気取っても始まらない。老い先も短い、本を買うのはもう止《や》めようと決めたのだった。よって見るだけ。新刊平台コーナー、通称「軍艦」へ。

『「聴くこと」の革命　ベートーヴェン時代の耳は「交響曲」をどう聴いたか』（マーク・エヴァン・ボンズ／近藤譲・井上登喜子訳／アルテスパブリッシング）は視点がおもしろそうだ。『リー・コニッツ　ジャズ・インプロヴァイザーの軌跡』（アンディ・ハミルトン／小田中裕次訳／DU BOOKS）は五〇〇ページ余の大著。リー・コニッツは哀愁味のあるアルトサックスの名手でこの人の研究書が出たんだ。『証言で綴る日本のジャズ』（小川隆夫／駒草出版）の帯文句〈国破れて音楽《ズージャ》あり。ジャズに魅せられた若者たちは戦後日本をかけぬけた……日本のジャズ・シーンを切り拓いた27人の証言集〉が魅力的だ。これも五四四ページと厚い。

映画本はつねに気になる。『岡本喜八の全映画』（小林淳／アルファベータブックス）は基礎文献になりそうだな。『黒澤明と三船敏郎』（ステュアート・ガルブレイス4世／櫻井《さくらい》英里子訳／亜紀書房）は、最近外国人による日本映画研究本が増えてきて巻頭口絵写真に珍しいものもあるが、これもまた七五〇ページとずっしり厚い。『捜索者　西部劇の金字塔とアメリカ神話の創生』（グレン・フランクル／高見浩訳／新潮社）。一本の作品で一冊書いてしまうのも映画研究の新傾向だが五〇〇ページ余の三四〇〇円。やはり研究書は高いな。

うーむうーむ。結局『伊丹万作とその系譜　異才たちの日本映画史』（吉村英夫／大月書店）と『映画のなかの御茶ノ水』（中村実男／明治大学出版会）を買ってしまった。伊丹万作の洗練された諧謔《かいぎやく》と知性を誰が継いだかは知りたいし、かねがね戦後映画に出てくるお茶の水のショットが気になっていたが、やはり研究者が現れたのだ。帯文句〈原節子も、高峰秀子も、この坂を上った〉もぐんと後押しした。ああ、また本を買ってしまった。

書店に入るのは、ちょっといじましいが自分の本を見る楽しみもある。といっても新刊などあまりない私ゆえ文庫の棚だ。作家別にあいうえお、お、あるある。『ニッポンぶらり旅　宇和島の鯛《たい》めしは生卵入りだった』他、シリーズ三冊の集英社文庫。

格調ないタイトルの文庫を出していただけるとなったとき、同一作家の文庫背は同じ色にするので見本から選んでくださいと言われ、目立つ方がいいかなと派手なオレンジ色にした。今書棚で見ると浅田次郎、津本陽《よう》、北方謙三の諸先生は落ち着いたグレー。宮本輝《てる》、東野《ひがしの》圭吾両氏は柔らかな黄緑、林真理子氏は紫。堀田善衞《ほったよしえ》、逢坂剛《おうさかごう》両氏の薄茶色は大人っぽく、椎名誠、森まゆみ両氏の空色は合うような気がする。

諸大家のを指をくわえる気持ちで眺め、いささかうなだれて奥に行くと「江戸東京食・酒を読む！」という企画棚ができており、おお、おいらの本が何冊も並んでいるではないか！　しかもそのうち二冊は〝面陳〟つまり表紙を見せて棚に置いてくれている。

やれうれしや、しばらく満悦して眺め、満足してそこを後にした。東京堂さん、ありがとうございます。

＊

足を向けているのはその先の映画館「神保町シアター」だ。

神保町は戦前からのモダン建築「東洋キネマ」など映画館の町でもあったが途絶えていた。一九六八年、神保町交差点に「岩波ホール」が開館。二〇〇七年、すずらん通り近くに「神保町シアター」が開館して映画館の町が復活。それぞれ岩波書店、小学館と地元出版社によるのが神保町らしく、岩波ホールは新作、神保町シアターは旧作と色分けされた。

今や旧作日本映画をフィルム上映する名画座はたいへん盛んになり、ファンは上映を追いかけるのに嬉《うれ》しい悲鳴状態だが、その先鞭《せんべん》が神保町シアターと言えよう。昔の名画座は定評名作ばかりだったが映画ファンはとうにそれを卒業し、各館が知恵を絞るのが、一カ月単位で組む特集編成だ。

神保町シアターはご当地らしく原作のある文芸映画が主流で、プログラムのキャスト表には監督と同等に原作者の名が大きい。特集〈日本映画★近代文学全集　鷗外、漱石、一葉《いちよう》、藤村《とうそん》、鏡花、荷風、谷崎。映画で見る日本近代文学〉〈日本映画　女流文学全集　女流作家×女優—妖艶なる女たちの映画〉〈神保町、御茶ノ水、九段下《くだんした》——〝本の街〟ぶらり映画日和《びより》〉〈文豪と映画　川端康成「恋ごころ」の情景〉あたりは本領だ。

　小津や成瀬などの監督特集はもちろんだが、女優特集に力を入れ〈女優・高峰秀子　映画の女神　昭和の映画に刻まれた、その美しい時代の貌《かお》〉〈追悼企画　女優・山田五十鈴アンコール　映画史上に燦然《さんぜん》と輝く、麗しき女優魂〉のコピーにこもる敬意にこちらも感動する。〈伝説の女優　桑野通子《くわのみちこ》と桑野みゆき——母と娘が紡いだ、一瞬の夢〉も好企画。〈麗しき美少女伝説——憧れの君よ、永遠なれ。〉の表紙は『ノンちゃん雲に乗る』の鰐淵《わにぶち》晴子だからたまらない。〈可憐《かれん》な娘たち　守ってあげたい～芦川いづみ　胸がときめく～司葉子〉のコピーのうまさ。〈いろはにほへと　ちりぬるをんな～春よ！映画よ！女たちの饗宴　そこは天国、はたまた地獄　覗《のぞ》いてみよう、女ばかりの秘密の世界〉も力作だ。

　一方男優は〈目力対決～田宮二郎と天知《あまち》茂〉〈〝目力対決〟再び!!〉は成田三樹夫が加わる目力三人男で映画通をうならす。さらに鰐淵晴子・倍賞千恵子・水谷良重《よしえ》の網タイツ三人娘が踊る〈『踊りたい夜』もちろん観ました、傑作〉表紙の〈ニッポンミュージカル時代〉、〈川口家の人々　父・川口松太郎＝母・三益《みます》愛子＝息子・川口浩＝その嫁・

野添《のぞえ》ひとみ――日本映画史上に名を残す、華麗なる映画人家族〉も着眼だった。

映画ファンの夢は映画を一本撮ることではない。自分で上映番組を組むことだ。私にもその夢がかなう時が来た。二〇〇九年、小著『シネマ大吟醸　魅惑のニッポン古典映画たち』（小学館文庫）の発刊に合わせ「好きな作品を二八本、一カ月上映」というもの。

作品はすべて何度も観ていて推奨に値するものの中から、できるだけ隠れたる名作をと思うが映画館は商売、マニアックすぎて客に敬遠されても困る。その案配の悩ましさ。さらにフィルム貸し出し条件との勘案や、他館で最近上映された作品は避けるなど「これが興行の難しさですな」と訳知り顔するウレしさ。ようやく全作品が決まり特集タイトルを〈昭和の原風景〉と決定。ちらしに入れる全作品の解説書きがまた嬉しくも難問で、内容と魅力を全六十六字内におさめる作業は普段の文章仕事の何十倍も推敲《すいこう》した。

一例『絹代の初恋』〈下町のせんべい屋の娘・田中絹代は妻を亡くした父と妹の母代わり。妹にきた好縁談の相手は、絹代が初めて恋心を抱いた人だった〉。もう一つ『恋化粧』〈隅田川を上下するポンポン船の池部良は、彼に気のある越路吹雪《こしじふぶき》と初恋の岡田茉莉子《まりこ》の間でやきもきさせる、いつものオイシイ役〉。

最後は特集全体の解説だ。

〈風景、社会、人々など、失われた時代を追体験するのに映画ほどふさわしいものはありません。そこには私たちの育った世界がそのまま残り、懐かしい人々が母や父のように語りかけ、走り回る子供たちにかつての自分を見いだします。それは自分の大切にしてきたものを再確認すること、自分の人生を肯定することです〉

上映が始まれば客の入りが気になる。劇場の定員は九十九席。毎日のように「今日の入りは？」と電話、一人でも稼ごうと自分も足を運んだり、本業をなげうった一カ月だったが、おかげさまで（作品選択と解説文もよく、と言いたいけれど）好調でしたと館から言われた。

さらに翌年、酒場映画でできないかと持ちかけられ〈太田和彦編　映画と酒場と男と女〉と題して特集。調子に乗って舞台挨拶までした。目玉にした『東京おにぎり娘』は四回上映のすべてが満席となり、プログラムピクチャーの若尾文子《あやこ》に注目したその後の特集〈みつめていたい！　若尾文子〉もヒット。今や名画座人気ナンバーワンとなった若尾文子はこれがきっかけだったと言いたい（オホン）。

今日立ち寄ったのは上映中の〈松竹一二〇周年記念　百花繚乱《りょうらん》――昭和の映画女優たち〉のロビー装飾を見るためだ。日本建築家協会新人賞を受けた館のロビーまでは出入り自由で、特集に合わせたスタッフ手作りの装飾がいつも楽しい。今回はタイトルに合わせて数々の折り紙造花が、文字通り女優に花を添えていた。

＊

「三省堂書店」の店内を抜けて靖国通りへ。いま神保町は「第五六回東京名物神田古本まつり」、「古文書講座」「講演　大活字本の歴史」「宮崎美子のすずらん本屋堂公開収録」「ちよだ文学賞授賞式」などイベントも行われている。まさに読書の秋。

このあたりから西に続く古書店街は世界にも類がない規模だそうで、学者でなくてもうろうろする人が絶えないのは日本の文化水準の高さと思いたい。

「八木《やぎ》書店」の店頭にうずたかい函《はこ》入り『古事類苑』（吉川弘文館）は、第一回配本「天部・歳時部」から最終回配本「植物部二・金石部」まで、法律部、神祇部、兵事部、礼式部、帝王部、外交部、遊戯部、飲食部、文学部、服飾部などなど。後に調べると〈わが国最大の百科史料全書。歴史・文学・宗教をはじめ、広く日本文化研究に不可欠の基本図書〉とある。こわごわ一冊を函から抜いて開いたが和典籍の連続でまったく歯が立たない。同じ出版社の〈江戸時代学芸の宝庫　小説より奇なる事実の醍醐味《だいごみ》〉とある『日本随筆大成』は函入りで全三十七巻、さらに『続日本随筆大成』全十二巻、またさらに別巻全十二巻へと膨大に続く。こういうものを本と言うのだろう。

〈稀覯本《きこうぼん》〉とある「玉英堂書店」に入ってみた。古書店の俗な楽しみは自分の蔵書がいま古書でいくらしているかだ。

澁澤《しぶさわ》龍彦の処女小説、本文が緑色のインキで刷られている『犬狼《けんろう》都市』（桃源社／一九六二年刊）は定価四五〇円が二七〇〇〇円、同『神聖受胎』（六五〇円→四三二〇円）。また中井英夫『黒鳥の囁《ささや》き』（一三〇〇円→二七〇〇〇円）、『人形たちの夜』（一〇〇〇円→四三二〇円）、『悪夢の骨牌《こっぱい》』（一三五〇円→七五六〇円）は高いが、著者の署名入りだ。小栗虫太郎『人外魔境』（六八〇円→二七〇〇〇円）。大江健三郎『青年の汚名』（二六〇円→二一六〇円）、『孤独な青年の休暇』（三九〇円→五四〇〇〇円）は高い。

下世話はさておき。お、種村季弘《すえひろ》コーナーがある。先生ご専門のドイツ文学はさっぱりだが洒脱《しゃだつ》なエッセイのファンだ。『人生居候日記』（筑摩書房）の帯文句〈男性最高の快楽は落魄《らくはく》である〉がいい。一九九四年刊・定価二三〇〇円にしては、この五四〇〇〇円は高いが、おお、墨書署名入りだ。どうしよう。

すぐに買わず頭を冷やして（これが大切）、昭和前期コーナーへ。函入り大部にペタリと朱印を押したような装丁の『處女地帯』は昭和十三年・中央公論社刊、著者・正木《まさき》不如丘《ふじょきゅう》の名はどこかで見た気がする。それよりもこの本は一ページごとにペーパーナイフで切り開く「アンカット」。全編総ルビの本文は迫力だ。値段四三二〇円。さてどうしよう。

結局両方とも買ってしまった。また本が増える……。

家で調べて以下がわかった。正木不如丘、本名・正木俊二。明治二十年、長野県生まれ。東京帝大医学部で恩賜銀時計を受ける。仏国パスツール研究所留学。富士見高原療養所院長。大正十四年、大衆文芸振興を目的に白井喬二を中心とした江戸川乱歩、小酒井不木、土師《はじ》清二、国枝史郎、長谷川伸らの「二十一日会」同人となる——。

購入した『處女地帯』最終節は映画の接写カット割りのようだった。

〈京太が杯をのみほして無言で出した。徳恵美も無言でそれをうけた。京太が手を徳利にのばす、徳恵美が徳利を京太に渡した。徳利の先が杯のふちで、カタカタと音を立てた。

二人の頬に二十年前の若い紅味が浮んで居た。（完）〉

*

靖国通りの南側にのみ古書店が集中するのは、店頭ワゴン販売に西陽《にしび》が当たらないためなのだそうだ。映画・シナリオ専門「矢口書店」は、どこに何があるか大体把握しているので今日はパスして、一つ左に入った「ササキレコード社」へ。

還暦になった年、誰も祝ってくれないので自分へのご褒美として、真空管アンプを中心にオーディオセットを一新し、若いころから爪に火を灯《とも》すように買い集めたレコードおよそ八百枚を聴き直すことにした。以来中古レコード店巡りは常態となり、今や千二百枚以上はあるだろう。

探すのは五〇年代の女性ジャズボーカル。有名盤はともかく、直感による美人のジャケ買いだが、当たる確率は五パーセント。つまり二十枚に一枚は当たり、他ははずれ。しかし当たった一枚は生涯の愛聴盤となる。

ごひいきは、キーリー・スミス（所蔵十八枚）、ジョー・スタッフォード（十四枚）、ケイ・スター（十五枚）、ローズマリー・クルーニー（十二枚）はじめ、クリス・コナー、スー・レイニー、ジョニー・ソマーズ、ジューン・クリスティ、ビヴァリー・ケニー、ジェニー・スミス、リー・ワイリー、ジュリー・ロンドン、ジェリ・サザーン、ジェーン・モーガン、テディ・キング……と書き切れない、というかこのジャンルはCDを含め有名無名買い尽くした感もある。ササキレコード社に行くのも何か掘り出しものが出たかのチェックだ。中古盤の値上がりはすさまじく、昔一〇〇〇円くらいで買ったと記憶するペイジ・モートンのここにあるのは三五〇〇円だが、これは当たり盤だ。

ぱたぱたぱた。見るのも速く、あまり大したのはないが、ヘレン・オコーネル、アニタ・オデイに、エラ・フィッツジェラルドと男性コーラスグループ共演集という楽しいのを購入（結果は順に、良／はずれ／まあまあ）。もう一つの好みはブラジル音楽で、エリゼッチ・カルドーゾを二枚とワンドを一枚。総計九七二〇円。本日のお買い物、本四冊にレコード六枚はずっしり重い。

還暦を過ぎて趣味は定まった。そのすべてを満たしてくれるのが神保町だ。しかし神保町にはあと一つの重要な趣味である、よい居酒屋がないのが難点だった。

噂《うわさ》に聞いていた「嘉門《かもん》」は間口一間《けん》の小さな店で、集英社別館ビル裏の社員通用口前に残業社員を待つように開いていた。細長い木造店内はカウンターと大机一つ。二〇〇五年の開店というがもっと古びて見える。おまかせで幾品かが出るそうだ。

ふけゆく秋の夜の神保町。燗酒《かんざけ》で待っていた最初の小皿は〈タコぶつ酢橘《すだち》塩〉だ。こいつはいい。おなじみ井伏鱒二の詩「逸題」の一節と同じだ。

今宵は仲秋明月
初恋を偲《しの》ぶ夜
…………
春さん蛸《たこ》のぶつ切りをくれえ

それも塩でくれえ

隅の書棚は『魚味礼讃』（関谷文吉／中央公論新社）、『日曜日の万年筆』（池波正太郎／新潮社）、『美食文学大全』（編・篠田《しのだ》一士《はじめ》／新潮社）、『謹訳　源氏物語』（林望《のぞむ》／祥伝社）が全巻あるのは立派だ。酸いも甘いもかみわけた風情の主人は私と同じくらいの歳だろう。地方紙の記者から仙台で居酒屋を開業。晩年に向かい、東京で一人でやってみたくてここを開いたそうだ。

私が入ったとき読んでいた文庫本を尋ねるといささか照れ「ミステリーです、ピエール・ルメートルの『その女アレックス』。『悲しみのイレーヌ』と同じ警部です」と表紙を見せた。

ミステリーもいいな。「今日こんな本を買いましてね」と一冊を取り出すと、主人は「ほう」と眼鏡《めがね》に手をのばした。

冬・千駄ヶ谷

寒い。東京の一月は一番寒いときだ。

地方から見物に来たらしい男女中高生で埋まる原宿竹下通りを無言で抜け、明治通りを渡り、斜め左の通りへ。このあたりの地理は隅々まで知っているが、時々入ったそば屋も焼鳥屋も八百屋も今は何もなく、立ち食いや怪奇趣味の服など、よくわからない小さなショップばかりが続く。それも終わった三差路に出ると懐かしい空気になった。この先の千駄ヶ谷に、二十五歳から三十七歳までおよそ十二年住んでいた。

原宿とちがい、今もここからは車も人通りも少なく、閑散とした通りを確かめるようにゆっくり歩いた。よく買った豆腐屋は閉まっているが隣の写真屋はまだある。二、三度入った鰻《うなぎ》屋はなくなって小マンションになった。隣の小さな児童遊園地は昔のままで、老夫婦がベンチに座り孫を遊ばせている。広報板には〈シニアクラブ会員手づくり作品展〉〈千駄ヶ谷地区見守りサポート員主催　杜《もり》の茶話会〉〈成年後見制度かんたん講座〉などの告知がある。原宿は若者の町だが、こちらはシニアの町になったか。

　その先のよくコロッケを買っていた精肉店はあるが、隣の八百屋はカレー屋になった。さらに隣の小さな花屋は昔と変わらない。スター美容室は戦前らしい銅張り看板建築と初めて知った。バーやワインショップ、手作り革カバンなどの新しい店ができている。街灯に小さなショーウインドウをつけて仮面を置いた「奥原宿ストリートミュージアム」には、〈2020年東京オリンピック・パラリンピック開催に向けて、国立競技場の改修が進んでいきます。これから訪れる人々をお迎えするために、一緒に新しい街と「街の顔」をアートしてみました〉と説明がある。

　抜けた広い通りは、一九六四年の東京オリンピックにあたり、外苑《がいえん》西通りと明治通りを直結するために通した全長五〇〇メートルほどの道路で、仙寿院《せんじゅいん》墓地下に千駄ヶ谷トンネルを貫通し、夜そこを通ると幽霊が出ると噂《うわさ》された。私は勤めを終えた夜、いつも薄暗いそこを歩いて帰ったが出会ったことはない。

　トンネルから千駄谷小学校へ上り坂になる右の木造二階建てアパート「千二荘」の二階二号室が私の住まいだった。アパート名は住所「千駄ヶ谷二丁目」によるのだろう。大学を出て銀座資生堂に就職した私は千葉の独身寮に入り、半年後に東横線学芸大学に部屋を借り、銀座まで一本だったがそれでも遠く、一年ほどでここに越してきた。

三畳ほどの板の間台所の一部はトイレ、奥の畳四畳半が居間。風呂はなく近くの銭湯「梅の湯」に通い、夏などは台所の靴脱ぎ場で裸になり、流しの水道蛇口からとったホースで水を浴びた。水は外廊下に流れ出てどこかに消えた。外で酒を飲む金はなく、台所に〈タコぶつ〉〈おひたし〉〈厚揚げ焼〉と書いた短冊を貼って居酒屋気分を出したのは、後年そんなルポを書く萌芽《ほうが》（？）だったかもしれない。

二十五歳。念願のデザイナーとなっていた私は燃えるような意欲にあふれていた。通勤で銀座の会社に着くまで三十分かからない。休みの日も行った。当時は残業や休日出勤もうるさくなく、真夏は冷房のないアパートよりも居心地がよく、涼しい会社で昼寝した。すべての時間は会社にあった。

それでも休みの日曜は、夏は上半身裸の短パン一つで豆腐屋や八百屋に出かけ、自炊した。ピーマン肉詰めが得意料理で、それに豆腐一丁があれば満足だった。小さな冷蔵庫の牛乳は豊かな気分にさせた。

欅《けやき》並木の原宿表参道にできた高級マンション「コープオリンピア」地下のダイナー「ダイネット・オリンピア」は、コーヒーもパンケーキもすべてマシンでつくるアメリカ流で、付け合わせのコールスローというものを知った。青山にできた日本最初の深夜営業のスーパーマーケット「ユアーズ」は、ハリウッドのように入口に映画スターや有名人の手形を並べ、夜おそく芸能人が外車で買い物に来ると評判になり、アメリカの缶詰を買って家に飾った。その一つ、キャンベルスープ缶はポップアートの旗手アンディ・ウォーホルの絵で知っていた。

　表参道交差点の原宿セントラルアパートは当時気鋭のデザイナーやコピーライター、カメラマン、編集者たちが入り、下の喫茶店「レオン」はそういう人の打ち合わせによく使われ、やがて私も出入りするようになる。そのどこにも歩いて行けた。

　一九六八年に入社した資生堂宣伝部は、高度経済成長の始まりに向けて展開したデザイン戦略が次々に成功し、日の出の勢いにあった。花の銀座の真ん中の会社で「これが君の机、製図用具、ゼットライト」と、デザイナー志望の貧乏学生とは雲泥の差の、ピカピカの新品を与えられたときの感激と身の引き締まりは鮮明に憶《おぼ》えている。

　身の引き締まりとは「デザイナーとしてこれ以上の環境はない。これで芽が出なかったら後はない」という背水の覚悟だ。当時、サントリー、松下電器、資生堂は「宣伝御三家」と言われ、デザイナー志望学生のあこがれの的だった。私は並行してサントリーも受け大阪での最終社長面接（佐治敬三氏）まで進んだが、そちらは落ちた。ちなみに合格者はなかったと聞いた。

　当時の資生堂宣伝制作室はまるで学校のようで、即戦力など毛頭考えず、じっくりと

「資生堂のデザイナー」を育ててゆく風があり、自分たちの仕事を「作品」と呼び、「資生堂の広告はすべて一級の美術品でなければならない」という制作室長の誇り高い姿勢に、さらに身を引き締めた。また「資生堂のデザイナーは女を描けなければならない」とも繰りかえされた。大学を出たばかりのウブな若造に「女を描け」と言われても困惑するばかりだが、いつかは答えを出さなければならなかった。

入社して数年が過ぎ、そろそろ太田にも一本仕事をさせてみようというときが来た。貧乏アパートから通いながら、そのための準備は重ねてきていた。

私は二十六歳。フリーになったばかりの二十五歳の新進カメラマンと組んで作ったシリーズ広告第一作は、緑色の室内で裸でジャンプする筋肉隆々のボディビルダーを、白い服の美女が見ているという暗喩的な写真で、「心理学者フロイトは美人の夢を知っていたか？」というコピーがついた。苦心に苦心を重ねて完成した校正刷りは、「これが自分の出した答え」と満足できるものだった。

しかしこの広告は宣伝部長段階でボツとなり、さらに「このデザイナーは危険だから担当からはずすように」となった。それをカメラマンに伝えに行く傷心の足は重く、聞いた彼は呆然《ぼうぜん》としながらも黙り、やがて私の顔を見て「太田さん、またやればいいんだよ」と言った。

その言葉を今も忘れない。そういうことはある、クサったらそれまでだ。認めないなら認めさせるまでやればいいんだ。そう気づいた私は「危険で上等じゃないか、もっともっとやるぞ」と、いわば手負いの獣のごとく次々に挑戦的な仕事を重ね、もはやボツにもひるむことはなかった。燃えるような意欲のデザイナーの出発は手痛いものだったが、そのシリーズ広告は年度の大きなデザイン賞をとり、業界に私の名もすこしは知られてゆく。

＊

私の住む千二荘の窓から左上に見えるモルタル三階建てビルは人の住んでいる気配があり、せめてああいう所に住みたいなあと眺めていた。一階は会社だが、二、三階は住居として貸していると知り、不動産屋で値段もわかった。そちらには風呂がある。家賃は高いが住んでしまえば何とかなるだろうと、思い切ってそちらに引っ越した。何もない家財はすべて手運びできた。

入居した三階は、台所と居間はあまり変わらないが、なんといっても風呂がある。マッチ点火ガス釜《かまど》焚きの水色のポリ浴槽が置いてあるだけだが、手前に木の簀子《すのこ》板を敷き、腰掛けを置くと立派な風呂場になった。これからは銭湯に間に合うよう早く帰ってこなくてもすむ。

屋上の一部に小さな家を置いたようなそこは、広大なL字ベランダで囲まれて採光通風は文句なく大いに気に入った。階上独占だ。これを機に電話も引き、毎月の頭は青山の不動産屋に行って家賃をおさめ、帳面に日付とハンコをもらう。

あたりに高い建物はまだなく、一国一城の主になった、ここからだという気分が盛り上がった。間近に見える神宮球場はナイターの照明塔が煌々《こうこう》と明るく、時にホームランなのか歓声も聞こえる。八月の神宮外苑花火大会では夜空に大輪が開くと室内まで明るくなった。

休みは隣の神宮外苑へ歩いた。大正十五年、明治天皇の遺徳を奉じて建てられた「聖徳記念絵画館」は、手前に大きな泉水を配した左右一一二メートルの古典対称形で荘重な威厳がある。何度も見に行くうち、ここで化粧品広告を撮影しようと思い立った。建物内撮影の許可を得て選んだのはむしろ地味な一角で、それは肝心なモデルが背景負けしてはいけないゆえだったが、歴史を重ねた建物のオーラはまちがいなく写った。以降、大きな古典建築に美女を立たせるのは得意手法になってゆく。

絵画館正面の銀杏《いちょう》並木は、初夏の若葉から真夏の深緑、秋は黄金色に光り、冬の落葉は地面に金色の絨毯《じゅうたん》となって銀杏《ぎんなん》を拾う人がいた。家から歩いた散歩はいつもロマンチックな気持ちをかき立てた。

青山通り入口の大きな石碑〈明治神宮外苑之記〉を読んだこともある。〈明治神宮奉賛会総裁元帥陸軍大将大勲位功二級閑院宮載仁親王蒙額〉と始まる謹厳な碑文の柔和端正な楷書に心ひかれた。末尾には〈従六位勲六等林經明書〉とあった。

外苑一周ジョギングは長続きしなかったが、神宮外苑は自分の庭という気持ちは東京に住んでいる実感となった。

時はバブル景気の真っただ中。世は浮かれていた。酒を飲む場所も勤め先の銀座を離れ青山、六本木、西麻布などに移ってゆく。集まってくるのはデザイナー、コピーライター、カメラマン、広告プロデューサー、ファッションデザイナー、スタイリスト、モデル、ＣＭディレクター、ＣＭ音楽家、広告代理店社員、トレンドクリエイターとか称する何をしているかわからない者、そういうところにうろうろしたい金持ち遊び人など。

当時いちばん勢いのあったのはインテリアデザイナーで、彼らが手がけて次々にオープンするカフェバーやショップのオープニングパーティが連日のように続き、店のロゴや案内状デザインなどもずいぶん頼まれた。

先駆けとなったのが、我が住まいから歩いて三分の神宮前にできた小さなバー「ラジオ」だ。設計した藝大を出たばかりのデザイナーは古くから知っており「オレのツケでいいから通え」とうれしいことを言ってくれた。黒御影石をカウンターに使った先鋭的なデザインはたちまち注目を集めて業界有名人のたまり場となり、一緒に飲んでいるのは刺激になった。そのマンション「ビラ・グロリア」は、ビラ・ビアンカ、ビラ・フレスカ、ビラ・ローザなど当時の高級マンショングループで、外階段を半地下に下りた全面ガラスの入口は、さあ今日は誰がいるだろうと期待させた。そこへ何十年ぶりに下りてみたが寿司《すし》屋になっていた。

業界の人間はみな一匹狼《おおかみ》で、私の意識もそうなった。あちこちで連日連夜いろんな人と会った。サラリーマンの私は金はないが何とかなっていたのは誰かが経費で払っていたんだろう。千駄ヶ谷の家は深夜明け方になろうと、どこからでも歩いて帰ることができた。

朝の通勤は地下鉄外苑前駅から乗る。あるとき、開いたドアに目を疑った。そこに立つのはまぎれもない私の初恋の女性、田舎《いなか》の小学校で放課後一人残って音楽室のピアノを弾いていた美少女の大人になった姿だ。彼女もすぐ気づき「太田さん?」と声をかけてきた。お父さんは校医で、私が体育の時間に左腕を骨折した治療を彼女が物陰から見ているのがわかり、折れた骨を引いて接ぐとき「ちょっと痛いよ」と言われたが、男としてはと歯をくいしばったことがあった。

医大を出て今、虎の門病院に勤めているという。あわただしく数語をかわし、外苑前から四つめの虎ノ門で彼女は降りた。それから数度会った。六本木で食事をしたこともあった。私は仕事に夢中で、気にかかりながらも目の前のことに追われた。

後に、彼女は医師と結婚して故郷の父の医院を継ぎ、毎日診療にあたっていると便りがあった。趣味でチェロを始め、患者がいない時間は練習する。置いた電話口に向かい数小節弾いてくれたことがあった。私は白衣でチェロを弾く姿を想像した。化粧品広告の仕事をしていると美人モデルは日常のことで、嫌みに言えば美人ズレする。しかし、彼女はまったくちがう美しさだった。

結婚相手を探す気持ちはないまま、ますます仕事に猛進し、四十歳が見えてきたころ、千駄ヶ谷を離れた。

＊

それから三十年あまりの間に、我が千二荘の面していた通りもすっかり変わった。入居当時の、塀で囲まれた大日本印刷の広大な空き地はながくそのままだったがビルになり、一階は雑貨や家具の大きなショップ。向かい側の瀟洒《しょうしゃ》な英国風屋敷数棟はやがてマンションになり、それも今は高層タワーマンションに建て替わり、一帯は原宿竹下通りの子供化をきらったハイセンスな通りになった。ここは車でよく通り、そのたびに住んでいた二軒を確認、元我が部屋の玄関まで見に行ったこともある。それも二年ほど前、今はどうなっているだろう。

千二荘はなくなっていた。というより、あんなオンボロ木造アパートがそれまであったのが不思議だ。今は通りに沿うしゃれたビルで一階はアイスクリームの店が入り、若い女性店員が「去年十月に開店、カリフォルニアが本店の日本一号店です」と言った。次に住んだ裏のビルは改装されて一階も住居になり「〇〇レジデンス」と表札もある。三階はベランダに居間を広げたようだ。毎朝あそこから出てゆき、帰って眠ったのだと感慨がわく。

私はなんだか吹っ切れた気持ちになった。通るたびに見ていたアパートが消えたのは、過去を確認するものがなくなったということだ。振りかえる気持ちももういらない。私は七十歳になろうとしている。

冬の陽射《ひざ》しの中をすこし歩いてみよう。時々入ったそば屋の上の「瑞圓禅寺《ずいえんぜんじ》」はそのころは足を向けなかった。ここの墓地に続く仙寿院墓地下の千駄ヶ谷トンネルはいつも歩いていたが、初めて上の墓地に来た。本堂脇に梅が小花を咲かせている。敷地の一角は合葬された無縁墓石がピラミッド型に小山をなし、一柱一柱を丁寧に立て並べて供養している。
〈天保六乙未年七月十四日　皎月圓明信士　玉室慧光信女　霊位〉
〈秀永道松信士　明治四年六月十五日〉
〈湖舟信女　大正四年七月四日〉
〈大正八年二月十二日寂　懽律師澄観上座　瑞圓廿六世浩一立塔供養〉の懽律師とは何だろう。〈静観院祥裕温厚居士〉はおだやかな戒名だ。
私はふと思った。無縁仏合葬もいいかなと。世上では知らぬ同士が何かの縁でこうして肩寄せ合って冬の光を浴びている。無縁が有縁になったのだ。いつまでも小さな個人墓で我を張るよりはよいか。
合葬墓に交じる高さ一尺ほどの石仏たちがすばらしい。〈歸一　秋徹童子〉と彫られる菩薩《ぼさつ》のおだやかな顔。六つの手を、前は合掌、後ろは弓や鍵を持って睨《にら》みをきかす童子の金剛。〈寂知性順禅定尾　霊位〉とある半跏思惟像《はんかしゆい》はどこかのんびり。銘はない女人仏の微《かす》かにうかべる笑み。年月の風化が石像を気高くしている。叶《かな》わないことだがこれを家に置きたい。置いて供養したい。
そのまま近くの鳩森《はとのもり》八幡神社に行った。休日の午後に案外に人が多く、幼児を抱いた夫婦はお宮参りか。ここは鬱屈《うっくつ》をかかえたときなど、たまに散歩に来た。やはり冬が多かった気がする。初めて知った富士塚を、今日も若い男女が手をとり合ってこわごわ登ってゆく。かつてはここから西に富士山が見えたかもしれない。

並ぶ願掛け絵馬を読んだ。〈夫婦共々90歳を過ぎ元気でまっとうしたい。なつかしい千駄ヶ谷の町に65年振りに……〉久しぶりに訪ねた人がここにもいた。私も今年の運勢占いにおみくじを買おう。

東京体育館への道を下りると、国立競技場跡が塀に囲まれて広大な更地になっている。隙間から見える中は土に青草が生え、はるか遠くは青山通りのビル群だ。

一九六四年、オリンピックの年に上京した私はその年の九月、開幕直前の国立競技場を見に行き、通りに連なるバナー（小旗）の洗練されたデザインに目をみはった。日本のグラフィックデザインは黎明《れいめい》期で、若手デザイナーが手弁当で当時の赤坂離宮内に設けられた準備室に集結。シンボルマークをはじめ、ポスター、入場券、パンフレット、賞状、会場案内などを次々に制作。競技や施設を表すピクトグラム（絵文字）は以降の五輪にも受け継がれた。その組織されたデザイン力は大きな刺激となり、自分はこの世界に生きるのだと決意を新たにした。

足を向けた絵画館の端正なたたずまいは変わらないが、周辺を大型観光バスが埋めるのはいただけない。駐車は裏にも及び、ここでも撮影したことがあったが今はできないだろう。戸が開いている絵画館通用口からそっとのぞくと、美人モデルを立たせて撮影した場所はそのままで、瞬時に記憶がよみがえる。デザイナーとして世に問うんだと燃えていた若き日がそこにあった。

新聞に、国立競技場が更地になって、富士が夕陽にシルエットで見えると写真も載っていた。その時刻だが、場所がちがうのか探せなかった。

しかし、夕暮れの彼方《かなた》に西新宿の高層ビル群が一望だ。ぽっかり開いた東京の大空に胸がすく。新しい建物を期待するよりも、それが消えた空き地に良さを感じるのは年齢のためだろうか。この風景も工事が始まるまでのわずかな間だけだ。二度めの東京五輪に向けて、若い日に私の住んだ周辺も一変することだろう。風景は消えてゆく。私の東京は五輪と五輪の間だったか。

＊

東京に住んだ五十年。哀歌《エレジー》は細く物悲しく終わると相場が決まっている。ポケットに手を入れると鳩森神社で買ったおみくじがあった。

〈末吉　かげくらき月のひかりをたよりにてしずかにたどれのべの細道〉

これは捨てないでおこうと、再びしまった。

松本——東京前史

敗戦後の昭和二十一年三月、中国北京《ペキン》の日本人収容所で私は生まれた。

すでに日本人の終戦処理故国引揚げは始まっており、私の誕生の十八日後、父、母、二歳の兄、私の四人は北京を出発。持てる荷物の大半は私のおしめだった。天津《テンシン》のテント村で一週間待機して引揚船に乗ったが、ぎゅう詰めの船で、生まれて間もない赤子の生存を危ぶんだ父は、船上の水葬に使う新品の日章旗を用意した。しかし幸い使われることはなく、船は長崎・佐世保の南風崎《はえのさき》に入港。母の実家・大村でしばらく静養の後、父の故郷・長野県松本へ向かい、一家の本格的な戦後が始まり、妹も生まれた。

朝鮮の高等師範を出て中国の日本人学校で教鞭《きようべん》をとっていた父は、長野県の教員免許をとり、県内の小中学校を転任。それにともない家族も引っ越し、私も転校を重ね、やがて高校受験となった。

志望した松本深志《ふかし》高校は戦前の松本中学で父はそこの出身、兄は同高校の二学年上にいた。その頃の父の赴任先は松本まで汽車で五十分かかる郡部の小学校。私の高校受験結果は松本にいる父の弟が学校掲示を見て、汽車に乗り報《しら》せに来てくれた。まだ家に電話機のない時代だった。

安堵《あんど》していると、その村の深志高校上級生が自転車で来て、後ろに乗れと言う。向かったのは山裾の寺の本堂だ。深志高校には地域中学による「郷友会」という自治組織があり、「筑北《ちくほく》郷友会」は近隣の三つの村で作られていた。その「新入生歓迎コンパ」で、合格発表があるとすかさず近隣の者が自転車で連れ出す手はずだ。二年上の兄は準備で先に行っており、私の到着で合格を知った。

交通機関のない田舎《いなか》の村だ。数少ない女子は、時間になると先輩が自転車で家に送り届けてまた戻り、男子は泊まりとなった。その年の筑北郷友会の新入生は四人。寺の本堂の上座に座らされて出身中学、姓名を言うと、三年生の郷友会長が立ち上がり「歓迎の辞を述べる。君たちは……」と演説した。上級生を含めて全部で二十数人くらいだったか。歓迎コンパといっても、本堂の長机で二年生が作ったライスカレーを食べ、食後は菓子を並べてお茶を注ぎ、しゃべりあう他愛ないものだ。上級生は自分の属する部活動を紹介して勧誘。牢名主《ろうなぬし》然と奥に座る三年生はこっそり酒を飲んでいるようでもあり、完全な大人に見えた。

話が尽きると学校応援歌、旧制高校寮歌、長野県らしく山の歌などを歌う。最後は立ち上がり肩を組んで輪になり、ぐるぐると猛スピードで回ってぶっ倒れる荒っぽいものだ。校歌は神聖なものとされ歌うときは起立して制帽をとらねばならず、こういう席では歌われなかった。

とはいえ中学を出たばかりのまだ子供。夜半を過ぎるとその場で眠ってしまった翌朝「起きろ!」とばかり蹴飛ばされ、並んで正座させられ、「お客さんは昨日まで、いつまでも寝てる奴《やつ》があるか!」と気合を入れられ、昨夜のかたづけや残ったカレーの朝飯支度に追い回された。カレーは夜中にこっそり生きどじょうを入れたらしく、「食え」としごかれた。

それまでの、何をするにも学校や親の承諾の必要だった中学とちがい、自分たちだけで勝手にやる新入生歓迎コンパは、まさしく子供から青年に脱皮した洗礼の一夜だった。自分は親から離れたとはっきり自覚し、希望に燃えた。もう転校はない安心感に支えられた新しい高校生活は、水を得た気持ちだった。

*

松本の丘の上に立つ松本深志高校は正面玄関上に望楼を置き、屋上に尖塔《せんとう》を立てたスクラッチタイル貼り三階建てで、東大安田講堂を模したともいわれるアカデミックな威厳があった。ロマネスク風の講堂の入学式に際し、自治会が校舎壁に貼り出した「檄《げき》」と頭書した墨痕淋漓《ぼっこんりんり》の大書に、自分たちは迎えられている、ここに入って鍛えられるのだと気持ちを鼓舞された。

新入生約四百人は講堂一番前に座らされ、後ろに在校生、その後ろに父兄もいた。厳粛に進む式次第の核心は校長挨拶。後に知ったが、当時の岡田校長は学生を前にながい講義をすることを好み、今日もたっぷりやるぞとばかり厚い草稿を手ににやにやしながら壇に進み、友愛と御勘弁の気持ちでブーイングする学生に、小一時間におよぶ長大な講義を開陳。その内容は高度で、並び聞く先生方は熱心だが生徒には難解。しかし校長は「解《わか》らなくてもよい、難解なものを聞くことに意義がある」という考えで、もちろん新入生には、少なくとも私には全く理解不能。「……最後に一言、ご父兄の皆様、大切なお子さんは私たちが今からしっかりお預かりします」と結んだことだけを憶《おぼ》えている。一般的な「ご入学おめでとうございます」は全くなく、今からこの学校が預かるというある種事務的な明言に、親から離れて寄宿舎に入れられたように感じた。

式はそれで終わらず、続いて登壇した自治会長の「歓迎の辞」がまた校長に対抗するように長く、内容は社会状況の分析におよび「その中にあって君たちは……」と続いた。

すべてが終わると「校歌斉唱、全員起立」。校歌は五番まであり、式では三番まで歌う。

蒼溟《そうめい》遠き波の涯《はて》　黒潮たぎる絶東《ぜつとう》に
たてり大和の秋津洲《あきつしま》　光栄《はえ》の歴史は三千年
そのうるはしき名を負へる　蜻蛉男児《あきつおのこ》に栄えあれ

荘重に始まった歌詞もまた申し分なく気宇壮大だった。

＊

進学校ゆえ入学したら勉強漬けという予想は大きくはずれた。この高校の真骨頂は、伝統の六十五分授業が午前三科目、午後二科目で終わった後にあり、誰も家に帰らず課外活動にはげんだ。ホームルーム、郷友会、各種部活の三つの組織に属してそれぞれ活動やコンパもあり、学校自治会、さらに旧制中学以来の自治組織「嬌風会」「尚志社」「被雲会」「良友会」もある。田舎ではあるが名門といわれる高校に入学して来た同じ志を持つ連帯感を、様々な組織に属することで表した。

至高の価値とされるのは、学校の主役は学生にあり、何ごとも学生が決めて運営する、学校はそれを支援するという「自治」だった。「校則」はなく、授業も出欠はとらない。ある学生がさぼって映画を見に行き、学校に戻る途中その先生に会い、「お前、授業出てなかったな」と言われ「映画に行きました」と答えると、映画に詳しいその先生は題名を聞き「それはオレの授業より良い」と言ったという逸話が残っている。

しかしその代わりか、抜き打ちも含め苛烈な試験が待っており、成績が壁に貼り出されるときもある。要は自分で勉強する気持ちを持たなければ遅れるだけという「自学自習」のもとに授業はどんどん進んだ。大切なのは予習で、授業はそれを確認する場とされ、ある数学の先生は重要なところにさしかかると「もう一度言う」が口癖だった。一方、学生の年間最大の行事である学園祭「とんぼ祭」は、実行委員会が今年は五日やりますと言えば学校は了承した。開催中はもちろん休講だ。

課外活動はまことに盛んで、授業が終わると校内はたちまち生き生きとした。部活の運動協議会は戦前からの名門陸上部「天馬会」はじめ、野球、バスケ、体操、相撲、柔道、庭球など。盛んな山岳部は規則で女子は不可だったが、一女生徒が敢然とそれなら女子山岳部を作ると届け出て、俳号をもつ文芸肌の国語の先生が顧問を買って出たが、随行した第一回山行・アルプス表銀座縦走は最初にへばったとか。

学芸協議会は地歴会、博物会、化学会、英語研究会、数学研究会、ドイツ語同好会、戦前からのフランス語研究会「ゴーロア会」、校誌を発行する文学部、思想性の強い社会科学研究会、音楽部、演劇研究会、映画研究会、心理学研究会などなど。力が余って部活をかけもちする者もいた。

それぞれに顧問の先生はいるが名ばかり、運営実行はすべて学生。野球部は甲子園をめざして自主的に練習にはげみ地区大会に出場、勝ったり負けたりしていた。それでも戦後まもなく、初戦敗退ではあったが一度だけ甲子園に出場したのが誇りだった。

寺や公民館で開かれる郷友会コンパの夏の定例は「試胆会」だ。一年生のある夜、なんだか人が抜けていくなあと思っていると「今から試胆会に移る」と宣言。深夜一人ずつ暗闇の山の墓場の最奥部に自分の名を書いた紙を置いてくる肝試しで、そっと出ていったのはその準備だ。自分の番も来て、余裕然と空《から》口笛を吹いて出たが……。翌年は驚かす仕掛けの準備に嬉々《きき》として抜け出ていった。

毎年新入生教育に最も熱心なのは、学生は全員が応援団員という考えの総元締たる「応援団管理委員会」だ。新入生は入学式の午後から一週間、毎日授業が終わると校舎屋上に集められ応援歌の指導を受ける。黒い学生服に身をかためたバンカラ上級生は中学を出たばかりの子供には先生より怖く見えた。

嗚呼《ああ》アルプスの霊をうけ
理想は高き若人が
かゝげし自治の光見よ
伝統こゝに八十年
古城の下《もと》にきたえたる
蜻蛉《あきつお》男の子よいざ起《た》たん

歌詞は記憶ですらすら書ける。古城は松本城。「松本城」の正式名称は地名に由来する「深志城」で学校名にふさわしい。校歌にも出てくる蜻蛉は、日本の別名・蜻蛉島の高天ケ原《たかまがはら》に立つ神武天皇の天孫降臨古事により、校章は「高」の字にトンボが留まる図柄。まことに大時代な意気込みは地方高校の顕示欲でもあろう。

それでよし。志気を鼓舞する応援歌は数限りなくあり、勝利、敗戦に歌う歌も決まっていた。また学園祭「とんぼ祭」に歌われる哀調をたたえた歌もいくつもあった。歌だ。歌はことあるごとに歌われ、歌が学校を一体にしていた。

＊

私は美術部「アカシア会」に入った。

我々が東洋一のアトリエと呼んでいた二階分の高さを持つ自然採光大窓の美術教室の隣が部室で、本来は美術の先生の研究室だが、いつのまにか大半を占領していた。

蒸気機関車で片道五十分の通学は、朝は駅まで走り、帰りはもっと学校に居たくても最終列車に乗るしかなかった。家に帰れば寝るだけで生活のすべては学校にあった。登校してもホームルームの教室には行かずまっすぐ部室に来て、授業の間も、また放課後も部室が学校生活の場であり、ロッカーに教科書を置いていた。学校生活はすべてが自由。食べ盛りの高校生は一時限が終わるとすぐ弁当を食べてしまい、昼はパンを買い食いだ。弁当は、数少ない女子（当時で一割すこし）もふくめほとんどの生徒は教室ではなく、屋外の庭など好きな場所で好きな時につかった。

入部して最初の作業は鯉《こい》のぼり作りだ。戦後すぐに校長が、新入生も来る五月に、何か学校の意気上がるものを屋上に立てよう、鯉のぼりなんかどうだと始めた行事はアカシア会が制作するのが伝統だった。

鯉は全長一〇メートルもある巨大なもので、まず麻紐《あさひも》を編み、そこにニカワで紙を貼って着彩する。大きく開けた口は竹で輪を作る。出来上がると校長に筆で「目入れ」をしてもらい、口径一・五メートルほどに開いた口から順番に胴をくぐり抜けると完成だ。それを持って屋上に上がり、長い竹ざおにつなぎ揚げた我らの大鯉は、満腔に風をはらみ、ばっさばっさと泳ぎ始めた。その気持ちよさ。皆でこういうことをする学校に自分は入った、もう子供ではない、なんでもどんどんやるぞという充実感を今も忘れない。その大鯉はずっと屋上に泳ぎ続け、一カ月ほど後には尾も切れてぼろぼろになった。

アカシア会員は二十数名。新入生が四百人もいれば必ず絵好きはいた。趣味ではなく美術大学を志す者もいて、二年上からは二人（浪人してだが。うち一人は私の兄）、一年上からは一人が現役で東京藝大に入ったのは立派だった。進学校に美系志望者は異端的存在だが、地方高校はどこもそんなものだったろう。

アカシア会の目的は絵を描いて展覧会を開くこと。「必ず出品」が最重要とされ、展覧会飾り付けが終わると全員で合評会を開いた。指導者はいないから絵はばらばら。地味な風景画からシュールリアリズムを標榜《ひょうぼう》する天才肌まで作品はおおいに異なり、自分の作品が批評される番が来るとどきどきした。子供のころから絵は好きだったが、各中学から絵好きが集まってみれば私の才能は大したことはないと次第にわかってきた。美術の先生に見てもらうデッサンはいつも「ウーン、描写力はあるけど……」と言われたが意味がわからなかった。それは形の表面しか見ていないということだった。

夏休みに入ると、とんぼ祭のための合宿だ。アカシア会だけでなくどの部もそうで、下の音楽部の練習は毎日聞こえる。合宿所があるわけではなく、布団を持ち込み教室に机を並べて寝る。合宿予定表を大書して貼ると気分が出た。授業のない学校で仲間と生活できる嬉《うれ》しさは寄宿舎が実現したようだった。消灯時が過ぎても寝ない。夜陰に乗じて近所のりんご農園に忍び込み、木からもいで頂戴してきたこともある。もちろんいけないことだが、農園の方はそんな稚気を大目に見てくれていたようだった（すみませんでした）。

夏休みを終えると、いよいよとんぼ祭の本番準備で学校は不夜城と化し、先生は「この間は授業にならん」とあきらめ顔だった。

初日前の前夜祭。応援団管理委員会は、まだ残暑厳しい時にその秋最初の真っ黒な詰め襟学生服で臨むのが伝統で、行事の仕切りや警備、女学生の送りなど、ここぞと学校中に睨《にら》みをきかせた。

すべての教室は研究発表展示で埋め尽くされ、アカシア会はアトリエでは絵画、望楼のある正面玄関上の大教室ではデザイン・彫塑・建築などの作品を展示、ついでに枯れ木を山のように積み上げて白ペンキをぶっかけた「オブジェ」も置いて煙に巻いた。とんぼ祭のポスターは全校公募して実行委員会で審査され、私は三年生の時に一等をとり、アカシア会の気を吐いた。このポスターは印刷された初めての作品、いわば処女作だ。

音楽部の本格演奏発表会とはべつに、各種団体による「合唱コンクール」が恒例で、アカシア会の歌は毎年一つ憶えの「丘を越え行こうよ〜」と始まる『ピクニック』。優勝は、はなからあきらめ、思い切り絵具だらけの服で絵筆を指揮棒に歌った。演劇公演や弁論会、模擬店、夜の庭に映える灯籠コンクールなど催し物は山ほどある。市内の映画館を借りた映画鑑賞会はルネ・クレール監督『リラの門』、ジョージ・スティーブンス『ジャイアンツ』、ミケランジェロ・アントニオーニ『さすらい』、マルセル・カミュ『黒いオルフェ』、大島渚『日本の夜と霧』などレベルは高かったと思う。

その間、先生はもちろん出勤しているが、職員室の窓を廊下に開け放ったまま開店休業、まあ学生のやっていることだからと、自分たちは碁を打ったり、本を読んだり茶飲み話をしていた。

全員参加の体育祭は、クラス対抗の仮装行列が恒例で、モデルにされる先生は何をされてもの覚悟だ。わがクラスの、白いあご鬚《ひげ》の袖山先生はかつて「神武天皇」に仕立てられたのがあまりに似合い、以降あだ名「神武さん」が定着していた。競技の華は棒倒しだ。相撲部が裸のまわし姿で棒を囲み、さあ来いと腰を構える姿は迫力があった。

楽しみはフォークダンスだ。輪になってパートナーチェンジしてゆく『オクラホマミクサ』は、ふだんとちがうスカート姿の数少ない女学生の順番が来るのを期待するが、直前で曲が終わってダーとなることが多かったのは不思議だった。詰め襟学生服でデビューした舟木一夫の『高校三年生』がヒットした年で、歌詞「ぼくらフォーク・ダンスの手をとれば　甘く匂うよ黒髪が」は実感があった。
すべてが終わった最終日は展示品、灯籠などを山と重ねて火をつけるファイアストームだ。夕闇に燃える赤々とした火を輪に囲み、肩を組んで歌う「祝記念祭歌」は感傷をもりあげた。

*

地方都市の松本は城下町だ。各地の城の多くは石垣を巡らせた高台にあり、それは戦国に不落とする近づき難さのためだが、合戦のなかった松本城は平地の水濠《すいごう》に囲まれて立ち、市民は朝な夕なに濠辺《ほりべ》を歩いて目の高さの真横に城を見る。水鏡に映る逆さまの姿、夜はライトアップされて映る姿はとりわけ美しい。市の中心につねに在る城は、松本の人心安定の象徴として今も現役だ。戦災のなかった町は昔の家並みがよく残り、行政の中心である長野市とちがう商業都市で、市内を流れる川のまわりは映画館や老舗《しにせ》の蕎麦《そば》屋、露店などが並んでいた。

授業が終わって部活もないときは坂をおりて市内に出ることもあったが、高校生の行ける所は本屋くらいしかなく、たまに喫茶店でコーヒーを飲むと、いっぱしの不良になった気がした。今とちがって女子とデートするなど考えられず純情なものだった。制帽、黒ズボンに一年中下駄《げた》。下駄は薄くなると左右に割れ、ぶら下げて帰った。

最大の楽しみの映画はとぼしい小遣いではなかなか行けないが、若い時の吸収力はたいしたもので『十戒』『ベン・ハー』『ニュールンベルグ裁判』『太陽がいっぱい』『地下室のメロディー』『赤い河』『荒野の決闘』『昼下がりの情事』『ローマの休日』『戦場にかける橋』『鉄道員』などなど鮮明に憶えている。ピエトロ・ジェルミ監督のイタリア映画『わらの男』に出ていた女優フランカ・ベットーヤの哀切な美しさに年上女性への恋心を覚え、それは後年のイタリア映画好きの端緒になったかもしれない。最も打ちのめされたのは、東宝系の劇場にかかった『用心棒』公開にあわせた黒澤明特集で『酔いどれ天使』『野良犬』『七人の侍』『生きる』を観た興奮はいつまでも続いた。今も続いているとも言える。

そんなことをしているうちに成績はどんどん下がった。他方、ひまがあれば勉強している秀才がいることも知った。しかし、だからどうした、あいつは勉強好き、オレはそうではない。自分は自分で今を大切にしているという公平な雰囲気が学校にあり、先生もその校風をよしとした。

私は漠然と美術方面に進もうかと考え始めたが、こちらこそはいくら勉強を重ねても才能がなければ話にならない。自分にそれはあるか。親は、その方面は兄だけで充分、お前は安定した将来が望める方向に進んだらどうかと言った。

三度目のとんぼ祭が終わった。三年生はこれを最後にすべての活動から身を引き大学受験に専念するのが決まりだ。三年生はその日を境に下級生には口もきかなくなった。高校生活は終わったのだ。教室は静まりかえり、先生はここぞとばかり授業を進め、学生は吸い取り紙のように吸収してゆくのがわかる。三年生の教室のある三階は別の学校のようになった。私は親の勧めで汽車通学をやめ、松本市内のアカシア会の友人宅に下宿することになった。

小さな村の子供だった中学時代。県内から集まってきた同じ志を持つ者が仲間となった高校時代。次の大学は全国が相手だ。気になるのは東京の美大専門予備校に通っている受験生だ。さらに東京藝大あたりは二浪、三浪は当たり前、四浪、五浪の猛者《もさ》もいるときく。東京の学生の水準を知るために、浪人中の兄が通っているお茶の水の美大専門予備校を訪ね、教室に置かれたデッサンの水準は絶望的に高いと知った。しかしもう後戻りできない。

ある日、何かに導かれるように校舎の屋上に一人立った。三年前、入学早々に応援歌指導でしごかれた屋上は、冬の日の今は誰もいない。

遠い南の山並みは一部が切れている。その先が東京だ。

さあ東京に出て勝負だ。どうなるかわからないが広い世界に出てゆこう。

自分を育ててくれた高校よ、おさらば。しばらく南の山を見て、オレはこれからは一人でやってゆくと決心をかためた。独立の時だった。

あとがき

季刊雑誌『ｋｏｔｏｂａ』に二〇一三年から三年間連載した「東京エレジー」に「居酒屋十二景」の副題をつけて、二〇一六年に単行本にしていただいた。「松本――東京前史」は東京以前も書いてみませんかと提案されてそのとき書き下ろした。

連載を終えてからなくなった店もあり、大変貌中の銀座もあり、何より次のオリンピックを目指した国立競技場の新築など、東京の変容はつねに進行形だ。

十八歳で上京して五十年が過ぎた。人生のほとんどは東京となり、その時々の日々が東京の各所に重なっている。住むようになって知ったのは、生粋の東京生まれは、東京のあちこちに出かけて行かない、東京を知ろうという欲はあまりないことだ。逆にこちらはまだお上りさん気分が抜けないのか。

しかし、東京ほどいろいろな土地柄のあるところはないと思う。その土地柄と自分を重ね合わせるのはおもしろい作業だった。どこに行っても自分が顔を出すものは見つかった。見つかりすぎて恥ずかしいところもあった。

それはまた、そこに行くと、自分のある一面が強調されるというか、場所の居心地を作った。私はどこに行ってもそこの居酒屋に入り、土地の懐ろに居る気分に浸る。銀座と浅草と阿佐谷では、同じ酒でも味が違う。銀座は見られるのを意識し、浅草は初めから無礼講、阿佐谷は文学的になる。いささか酔って、また歩く気分も格別だ。

そうして思うのは、年齢ゆえの過去への追憶だ。この場所であんなことがあったなあ、あの人とはあれきりだなあ、あれが人生の分かれ目だったんだなあ。いろいろあったが、今はこうして一人盃《さかずき》を傾けている。盃が友達だなあと。

文庫化にあたり編集者からタイトルを変えるよう注文された。居酒屋について書いた気持ちはなく、「東京エレジー」におおいに未練はあるが、言に従った。

二〇一九年八月　太田和彦

解説

沢野ひとし

太田和彦の書く字が好きである。私もイラストレーターという職業柄、日頃から分かりやすい字を心がけてきたが、あの字はすくなくとも「書くことに注意をはらってきた」筆跡である。

本の雑誌社で、初めて彼の書いた原稿用紙を見た時、そのバランスの良い字に感心してしまった。おそらく2Bか3Bの鉛筆で書かれた、いくらか太い文字は私の心を捉えた。

少年の頃から私は、作家や詩人の書いた文字を見るのが好きだった。美術館や文学館に行くと、原稿用紙や手紙類が展示されていることが多い。私は絵画よりもそんな文字を凝視してしまう。書かれた内容などどうでもよく、文字そのものの形を見つめている。そして文字はその人を一番表していると納得して帰る。

どの作家も詩人も上手に書こうなどと毛頭思っていない。我流でむしろ下手くそと言っていい。しかしその文字からは作家の思いが熱量となって発せられ、たじろぐものがあった。

私は文字から作家に憧れたひねくれ者だ。

太田和彦の出身を知って「なるほど」と思いあたることがあった。彼の父親は教師であり、父も兄も松本の名門校・松本深志《ふかし》高等学校卒業と知った時、彼の文字の品の良さをあらためて理解できた。

地方都市の中で、私が一番訪れた回数が多いのが城下町・松本である。十代の終わりの頃に穂高《ほたか》の山に登った帰りに初めて歩いてから行くたびに新鮮であり、憧憬の町であった。

松本に行くと、近代学校建築として初の国宝指定となった旧開智《かいち》学校を見学に行くことがある。明治時代にこれほど洗練された校舎を建てたとは、と訪問した人はみな感嘆の声を上げる。

その展示物の中に、小学四年生の子が遠足に行った時のことを書いた作文の原稿があった。鉛筆で書かれた文字は何十年経《た》とうが、インクと違い色褪《あ》せることはない。近くの浅間《あさま》温泉に行った日のことが、原稿用紙に「手彫り」のごとく一字一字丁寧に書かれていた。

　もちろん優秀な生徒の作文であろうが、その文字の健気《けなげ》さと丁寧さに胸を打たれた。「明治の小学生はこんなに気高い心の純な文字を書いていたのか」と思わず私は首《こうべ》を垂れた。そしてその文字が、太田和彦の書く字とひどく似ていることに気付いた。なにか重大な発見をしたかのごとく、ひとり興奮してしまった。教育県長野の生徒の文字がこうして脈々と受け継がれていたのだ、と。


『東京居酒屋十二景』は、太田和彦と一緒に東京を歩き、その土地の一番のおすすめの居酒屋で日本酒を飲みながら教えてもらう、贅沢《ぜいたく》な東京案内の本といえよう。

　太田和彦は徳利を片手に「これといった人生の達成感もないまま六十五歳を超えた。人が皆いなくなってしまった気がする。今は居酒屋だけが友達だ」と達観し、枯れたようなことを言っているが、我々は油断をしてはならない。

　一見虚無憎めいた風貌からボンヤリ遠くを見つめているだけの人と勘違いしそうだが、実はかつて資生堂のトップデザイナーの地位にあって、流行にはいたって敏感な人間である。さらに常に表層の動きの裏にあるものを探り、アンテナを張りめぐらしている。

　太田和彦との交流は、彼が資生堂を退社しフリーのデザイナーになった三十数年前にはじまった。私の本の装丁を依頼するために、麻布台《あざぶだい》の新しい事務所を編集者と訪ねた。半地下のしゃれた室内で、デザイナーの事務所というものは無駄がなくこれほど整理整頓がなされているのか、と驚いた。三菱鉛筆のハイユニがずらりとならび、その芯先はきれいに削られ、見事なほどに尖《とが》っていた。編集者が打ち合わせをしている間、私は真新しいスケールなどに気をとられて、話している内容や事柄はなにも頭に入ってこなかった。

その頃私が係《かか》わった新潮社の「ＳＩＮＲＡ」、山と溪谷社の「山と溪谷」、「本の雑誌」、白山書房の「山の本」は、太田和彦の手によって表紙のロゴ、デザインが大きく変わっていった。さらに扉に小さなコラムを書くことも彼から勧められた。

日本全体がバブルで浮かれていた狂乱の時代であった。都内にはどこもここも地上げ屋といった怪しい連中が横行し、青山や六本木に雨後の筍《たけのこ》のごとく、イタリアン、フレンチ、デザイナーズバーが開店し、大判のムック雑誌が毎月のように派手に紹介をしていた。

そんな中で太田和彦は、どこの出版社も見向きもしない居酒屋を刑事のごとくコツコツと飲み歩き、メモをしていた。

なにかの打ち合わせの時に「和《かず》さん、この頃なにを書いているの？」と聞くと、ポツ

た。

「酒場？　そんなの本になるの？」と不信の念を抱くと「まあね」と呟《つぶや》きニヤリと笑っリと「居酒屋」と言った。


私は彼に言った。

「そういえば初めての町で見知らぬ居酒屋に入る時、一瞬迷うよね」

「扉を開けて、主人のくわえタバコ、おしぼりのケース、熱帯魚の水槽、ビールの空ケースがある店はすべて駄目」

ときっぱり言い切った。

なるほどとうなずくと、太田和彦はポケットの中から箸の紙袋を取り出した。小さな文字で料理の値段が書いてある。居酒屋で取材をする時にメモ帳を開いて、きょろきょろ店内を見回していれば、相手も警戒する。トイレに立った時に個室に入るなり瞬時に店の印象、ポイント、値段を書く。このスピードが取材の極意だそうだ。隠しカメラは愚の骨頂という。揉《も》め事の原因になると断言した。

休日は東京や関東を中心に全国を水戸黄門のごとく遠征し、推薦できる居酒屋を広く世間に定着させるため日々奮闘していると汗をふいた。

また太田和彦は映画、文学、歴史、山岳、建築、クラシック音楽にも教養人のごとく詳しい。

太田和彦は松本から汽車で五十分の村で中学時代を過ごした。おそらく頭の良い勉強を熱心にした少年だったはずだ。ヘルマン・ヘッセの『車輪の下』の傷つきやすい少年ハンスと同じだ。悩みを持った時代を小川で釣りをし、あたりの山々を見ながら過ごしたのだろう。松本深志高校の合格は父の弟が汽車に乗って教えに来てくれたという。もちろん家に電話などない時代だった。

そして太田和彦は憧れの高校の美術部に入り、絵の世界に没頭していく。だが次第に山を覆うような濃い霧が立ち込めてくる。絵を描くのは好きなのだが、「自分は何を表現しようとしているのか曖昧だ」と気が付いた。和彦少年はここで初めて芸術という大きな壁にぶちあたり、日々悶々《もんもん》と眠れない夜を過ごす。

そこから奮起して、もっと明確なグラフィックデザインの方が自分には向いているのではと方向修正を始める。しかし兄が東京藝大を目指し浪人中だったので、父の言葉に従い藝大受験はあきらめ、同じ国立でデザインを学べる東京教育大学（現筑波大学）に進路を変更した。

兄も和彦少年も無事に大学に合格はしたが、やはり藝大とくらべると美術への情熱レベルが低く感じられ、せっかく憧れの東京に出てきたのに、と不安と孤独で押しつぶされそうになる。

その頃のことが「春・下北沢《しもきたざわ》」に詳しく書かれている。

「裸一貫、それをよしとして出てきた東京は期待どおり刺激的だったが、肝心な自分のよって立つ基盤への不安は日々の自由さなどでは消えなかった」

やはり専門の美大に行かなくては自分はいつか泡のように消えてしまう、といった焦りが青春小説を読んでいるようでひしひしと胸に迫ってくる。

やがて月日が経ち、歳《とし》をとり、振りかえってみると、あの下北沢の時代が一番懐かしく、もう一度あの当時の家に行ってみたいと回想している。

東京で育った人の話は、私には案外単純でつまらない。でも地方から出て来た人の話は都会への想いと自身のコンプレックスが交錯して読ませるし、最後に泣かせる。


太田和彦とは三十数年だらだらとりとめもなく酒を酌み交わしてきた。基本的に寡黙で、野外でも少し仲間から離れた場所でいつも淡々と飲んでいる。大声を出すこともなく大笑もせず、野武士のように一人落ち着きはらっている。

しかし意外と身軽なところがあり、私が「明日、八戸《はちのへ》へなんとなく飲みに行くんだ」

と言うと、「あっ、僕も行っていい？」と同行して来ることもあった。この時は後に八戸の居酒屋についての記事をしっかりと書いていた。転んでもただでは起きあがらないしたたかなところも備えている。

あるいは千葉の銚子《ちょうし》に灯台のスケッチ旅行に誘うと、夕方に小さなカセットテープレコーダーを手に民宿に悠然と現れ、夕食の宴会の時に「青い山脈」の曲をかけて「青春はこれでしょう」と言った。

千葉といえば、外房《そとぼう》に十名ほどで車に分乗して海岸でのキャンプに行ったことがある。昼時になり、どこかの食堂でめしでも、となった。こういう時は太田和彦に店選びをまかせればハズレはない、ということで先導してもらった。

駐車場が広い民芸風の店にわらわらと入って行こうとすると、長い鎖に繋《つな》がれた犬がいた。獰猛《どうもう》な顔つきの茶の雑種で、私は注意して距離をおいていた。

いきなり犬は走りだし、太田和彦の半ズボンの脛《すね》に嚙《か》みついた。悲鳴をあげて蹴飛ばすが、犬は戦闘態勢を崩そうとしない。だが首輪の鎖もあって忌ま忌ましそうに吠《ほ》えるだけだ。

狂犬病の疑いもあるので、近くの病院に行って注射をして一件落着に終わったが、おそらく犬は太田和彦に、動物だけが感じ取れる殺気のようなものを嗅ぎつけて飛びかかっていったのだろう。それが何なのかは、今もって分からないが。

山登りにも何度も一緒に行った。いつも自分だけの秘密の食べものを持ってきていた。たしか秋の日に大糸線《おおいと》の小谷《おたり》村にきのこ狩りの登山を大勢でした時のことだ。大小のテントが張られ、大鍋に収穫したきのこを大量に入れ、大宴会がおこなわれた。

やはり少し距離をとり小さなテントの前に陣取っていた太田和彦は、「これもいけるよ」と言ってアルミの皿を差し出した。載っていたのは鶏《とり》の皮とコンニャク、鷹《たか》の爪。さっそくガスストーブの上のフライパンでオリーブ油で炒《いた》めると、香ばしくてことのほかおいしかった。

「きのこや貝類はちょっと危ないところがいいんだよな」と言って怪しく笑っていた彼の料理の腕は、学生時代の自炊で鍛えたものだと後に聞かされた。そして太田和彦の料理はやはり酒のつまみに本領を発揮するのであった。

『東京居酒屋十二景』は、太田和彦の過ごした東京の町を哀愁をもって書かれているが、私が知っているようで知らない、まだ見ぬ東京が的確に描かれている。

この本を読み終え、私は松本の旧制高校の雰囲気を持った思い出がいつまでも心に残った。そしてこのような青春時代を送った太田和彦がことのほかうらやましく、嫉妬に近い感情を持ってしまった。

（さわの・ひとし　イラストレーター／作家）

JASRAC出1909359-901

初出誌
季刊誌「kotoba」（二〇一三年六月〜二〇一六年三月連載）

本書は、二〇一六年十二月、集英社より刊行された『東京エレジー　居酒屋十二景』を文庫化にあたり『東京居酒屋十二景』と改題し、加筆・修正したものです。

集英社文庫

東京《とうきょう》居酒屋《いざかや》十二景《じゅうにけい》

2019年9月25日　第1刷　　定価はカバーに表示してあります。

著　者　太田和彦《おおたかずひこ》

発行者　徳永　真

発行所　株式会社　集英社

東京都千代田区一ツ橋2-5-10　〒101-8050

電話　【編集部】03-3230-6095

【読者係】03-3230-6080

【販売部】03-3230-6393（書店専用）

印　刷　図書印刷株式会社

製　本　図書印刷株式会社

フォーマットデザイン　アリヤマデザインストア　　マークデザイン　居山浩二

ISBN978-4-08-744025-6 C0195